U0165422

柳田國男

那些往昔故事的原型與變遷

日本的傳說

目次

新版序

日本是個傳說多得驚人的國家。過去，不管在哪個地方，總會有五個人、十個人清楚記得這些傳說的來龍去脈，並且樂意說給別人聽。只是，近年來人們開始關注其他新事物，願意聆聽的人越來越少，這類故事便逐漸淡出人們的腦海，甚至被混淆、錯記或遺忘了。對此，我感到相當可惜，於是想要為了喜歡閱讀的年輕人寫下這本書。好些人對我說，他們是讀了本書之後，才知道原來鄉野奇譚是如此這般從往昔流傳下來的。

也有人建議我，既然日本有這麼多的傳說故事，不妨再接再厲將其他故事寫下來，可我實在無能為力啊！只是將一堆相類似的傳說擺在一起，不但不有趣，要是有人問我故事的某段內容到底怎麼回事，我也還沒準備好該怎麼回答。

一個流傳到日本各地的傳說，很容易被人們當成就是發生在自己所在地的事，這點還真是奇妙又有趣，應該有些不為人知的原因才對，只是謎底尚未揭曉，後續必須仰賴多幾位與我一樣想知道真相的人來努力探究。

為了引起大眾對這些鄉野奇譚的好奇，我必得找出一些特殊又稀罕的題材來，但這樣的題材並不容易取得。目前我正在整理白米城的故事，不久之後也打算著手十三塚的傳說，不知道這些是否能引發年輕讀者熱切的疑問呢？總之，像這本書中這樣單純又色彩瑰麗的故事，已經為數並不多了。

最近，我又寫了一本小書《傳說》，主要是從理論的角度，探討日本傳說的興起與發展歷程，如果你曾在年輕時讀過這本《日本的傳說》，還記得一半或是三分之一內容的話，讀起這本小書會更有意思。

我也老是想著，要是《日本的傳說》這本我的處女作，可以寫得更平易近人、更富有張力，能在讀者心中留下深刻的印象該多好啊！因此，這回在與友人討論之後，我改變了敘事方式。日本的文章往往用了太多艱澀難懂的文字，但對於傳說這類長久以來只靠口耳相傳的故事，我認為應當採取不同的書寫表達方式才好，只是這方面我還有所不足，望初見本書的各位讀者多多包涵。

柳田國男
昭和十五年十一月

前言

傳說與民間故事有何不同？如果要回答這個問題，那麼我要說，民間故事就像動物，而傳說則像植物。民間故事流傳四方，無論傳到哪裡都保持相同的樣貌，但傳說卻會在某處落地生根，不斷地成長茁壯。麻雀與草鵐長得一模一樣，但梅樹與茶樹的每一根枝椏都不同，因此我們可以分辨出來。

民間故事這隻可愛的小鳥，大多在傳說的森林與草叢中築巢，同時將各種芬芳的傳說種子與花粉運送到遠方。熱愛大自然的人們總喜歡將這兩種古老故事摻雜融和在一起，但做學問的話，第一步就得先將兩者分開處理。

各位讀者，如果你們村莊的廣場或學校的庭園如今變成空地，沒有任何傳說的花朵綻放，請不必悲傷，過去那裡肯定盛開著各種美好的傳說。正因為都是在日本的某個島上，儘管形態略有不同，也必然找得到同一種類的植物。我將採集幾個標本，展示給各位欣賞。

滋養植物，使其成長茁壯的力量，就潛藏在這個國家的土壤、流水與陽光中。歷史恰似利用這些資源而栽培各種作物的農業般，只要不斷整頓歷史耕地，傳說的荒山野地範圍自然越來越小。而且，日本有一千五百萬個家族，每個家族的歷史都有三千年之久，但被歷史開發出來的只有九牛一毛而已。因此，我們應該抱著春天走向原野，踏入叢林，探尋樹苗與花草名稱的心態，來比較散落各地的傳說。

不過，年紀較小的朋友，只要讀讀有趣的部分就夠了吧！打個比喻，一隻民間故事之鳥剛好停在一棵傳說之樹上，而本書介紹的故事內容，就像那些有小鳥停歇的樹枝一樣。為了讓這些地方傳說盡可能廣為人知，我詳細寫出地名，也加上了一些解說，方便各位日後查閱。

柳田國男

昭和四年春天

治咳婆婆

從前，東京就有許多鄉野奇譚，我們就來聊一些跟大家比較有關係的吧！

本所[1]原庭町證顯寺的小巷弄裡，有一尊大約二尺高[2]的老婆婆石像。據說，如果孩童咳嗽不止，只要向這尊老婆婆祈求，便能立刻痊癒。

老婆婆頭戴一頂巨大的石斗笠，蹲坐在地，雙手支撐著下巴，露出彷彿見到鬼怪似的可怕表情。此外，祂的胸前有塊桃紅色的圍兜，想必是信眾痊癒後所貢獻的謝禮。孩童都稱呼這尊老婆婆為「治咳婆婆」。

一百年前，江戶城到處都看得到這樣的老婆婆石像。在築地二丁目，有一棟大名稻葉對馬守的中屋敷[3]，那裡就有一尊著名的治咳婆婆，要是孩童罹患百日咳等疾病，父母便會悄悄向門房請求進入宅邸，參拜這尊石像。

傳說原本石像是一塊天然的石頭，因外形與老婆婆相似，便被雕成石像，並與一尊老爺爺石像成雙出現。老婆婆的石像較小，慈眉善

1 江戶時代的地名，位於現今的東京都墨田區南部。

2 約六十公分。

3 相當於諸侯的宅邸。

目，老爺爺的石像較大，而且面目猙獰。有趣的是，這對老夫婦似乎水火不容，如果把祂們擺在一起，老爺爺總會被推倒似地倒下，只好讓這兩尊石像保持距離以策安全。

前來祈求治療咳嗽的信眾，必會帶著炒香豆或霰餅等供品，並且奉上煎茶給這兩尊石像。而最有效的祈求方式是先求老婆婆，下次再去求爺爺：「老爺爺啊！我的孩子咳得很嚴重，我上次去拜託那位老婆婆治療了，但是好像不太夠力，所以無論如何請您一定要幫幫忙啊！」人們都說，這樣祈求後很快就會完全康復了。（《十方庵遊歷雜記》第五篇）

到了明治時代，這對老夫婦石像失蹤了一段時間，後來才知道是遷移到了隅田川東邊牛島的弘福寺。這座寺院是稻葉家的菩提所[4]，因為築地的宅邸沒了，便把祂們請到這裡。老夫婦似乎不再吵架了，兩人鶼鰈情深地供在一起。而且人們連「治咳婆婆」這個稱號都忘了，也不知是誰說的，說老婆婆能夠治療腰部以下的疾病，於是越來越多人前來參拜祈願。又說，最佳的謝禮是草鞋，因此可以看到，石像前面總是擺滿了各式各樣的草鞋。（《土俗談語》）

原本是送上食物，祈求老婆婆幫忙治療口腔疾病，後來卻變成祈求治療腿疾而送上草鞋當謝禮，這種誤會實在太有趣了。另外，廣島市的空鞘八幡神社旁有個供奉道祖神的小神社，很多人前來為孩童祈求咳嗽痊癒，供品則全都是馬沓[5]。（《碌碌雜話》）

道祖神是道路之神、旅行之神，而且特別喜歡孩童。從前，村裡的孩子個個都是這尊神明的子孫。就有民間故事說到，道祖神會騎馬到剛有嬰兒出生的人家，決定嬰兒的運勢。也就是說，為了守護嬰兒，這尊神明需要馬沓。

其實，到處都看得到這種路人供上馬沓或草鞋的神明，只是各地的稱呼不同，故事內容也多少做了改變，說不定治咳婆婆也是道祖神的親戚呢！這點我們一起來探討看看吧！

不僅在東京，其他縣市原本也都有治咳婆婆的石像。例如川越廣濟寺有一座石塔名為「咳婆」，日文發音是「しやぶぎばば」（shabuki baba），據說很多咳嗽不止的信徒前來參拜，祈求早日康復；可如今已分不清哪些石頭才是咳婆本尊了。「しわぶき」（shiwabuki）是古語，意思是咳嗽。（埼玉縣川越市喜多町。《入間郡誌》）

4 家族世代皈依並且納骨的寺院。

5 馬穿的草鞋，用來保護馬蹄。

甲州[6]八田村的咳婆是一塊重約二貫[7]的三角形石頭，家中有小孩感冒時，父母會前來向咳婆祈求早日康復，並且供上炒芝麻與茶水。相傳，這塊石頭原本是塊墓碑，底下埋葬了一名客死途中的老婦人，還說如果任意移動這塊石頭，恐會招來厄運。（山梨縣中巨摩郡百田村上八田組」。《日本風俗志》中卷）

上總[8]俵田村有一尊姥神，目前已有一間名為子守神社的小社供祂為祭神。相傳某位尊貴人士的奶媽遠從京都過來，不幸因病咳嗽過世，埋葬在這裡。姥神對治療咳嗽十分靈驗，當地人會帶來甜酒當供品，祈求保佑咳嗽痊癒，據說這麼做，病情就會迅速好轉。（千葉縣君津郡小櫃村俵田字姥神台。《上總國誌稿》）

姥神又稱子安娘娘，原本是一尊喜歡小孩子的路邊神，後來故事逐漸演變，村民認為他們供奉的這尊神明在世時是位奶媽，由於自己曾受咳嗽之苦，因此即使孩童得的是難治的百日咳，只要向祂祈求，全都能立即康復，信眾也就越來越多了。

在下總[9]的臼井町，距城址東南方稍遠處的田中央有一間小神社，供奉名為辰娘娘的石頭，村民會獻上炒麥粉與茶水，祈求辰娘娘治癒咳嗽。

根據臼井町的傳說，辰娘娘是年幼主公臼井竹若丸的奶媽。當年志津胤氏攻陷臼井城，她機警地協助少主迅速逃脫，自己則是躲在附近沼澤旁的蘆葦叢中。追兵原本不知道有人躲在那裡，行經沼澤時，不巧奶媽阿辰發出咳嗽聲，就這樣被捕遇害。當地人認為阿辰心有不甘，即使死了，見到咳嗽不止的孩童便會忍不住幫忙治療。

炒麥粉是將炒過的麥子拍碎後製成的粉末。大家都知道，吃這種麥粉很容易嗆到而咳嗽，但信徒的用意就是希望辰娘娘吃的時候能夠想起咳嗽之苦，最近聽說甚至有人奉上烤辣椒。而奉上茶水的原因可能是被炒麥粉嗆到時，可以喝茶來緩解咳嗽。（千葉縣印旛郡臼井町臼井。《利根川圖誌》等）

不過，東京等地的治咳婆婆即使沒有這樣的來歷，也能有求必應，治好孩童的百日咳，因此這則傳說可能是後來才出現的。

例如有一種說法是，築地稻葉家那兩尊治咳爺婆石像，原先是在小田原到箱根途中，一個叫做風祭的地方的路旁，後來才被人帶到了江戶。據說一名法號風外的僧侶在路旁蓋了一間草庵暫居，離開時留

6 即甲斐國，舊時日本的行政區，約位於現今的山梨縣。

7 一貫約三．七五公斤。

8 舊時日本的行政區，約位於現今的千葉縣中部。

9 舊時日本的行政區，約位於現今的千葉縣北部、茨城縣西南部、埼玉縣東部、東京都東部。

下這兩尊石像，有人推測可能是風外父母的雕像（《相中襍志》）。不過，應該沒有人會留下父母的雕像一去不復返，或許這也是路邊的道路神石像吧！

我們在山頂上、陸橋旁，或者像風祭這樣道路兩旁盡是丘陵的地方，都可以看到受人祭拜的男女神石像。從箱根通往熱海的日金山頂上，還有兩尊面目猙獰的石像，一尊是閻魔王，另一尊是三途河[10]的婆婆。有人會用紙包著錢，放入祂們張大的嘴巴裡，倒是沒聽說有祈求治癒咳嗽的事。

大約四十年前，淺草有個小池塘叫做姥淵，流傳一則家中放著石枕的恐怖故事。

話說淺草的觀音菩薩化身英俊的少年，來到鬼婆婆的家中借宿一晚。鬼婆婆在誤會下拿起石槌敲擊石枕後，發現竟誤殺了可愛的獨生女[11]，鬼婆婆為此傷心欲絕，投池自盡。姥淵之名就是從那時候開始的。後來人們相信這個池塘對治癒咳嗽也很靈驗，只要用竹筒裝酒，然後掛在池邊的樹枝上供奉，很快就會康復。由此可見，姥神原本也是孩童的守護神。（《江戶名所記》）

事出必有因，人們之所以在水邊供奉姥神，都是基於相信溺水而死的女人，靈魂會在附近徘徊不去，這點就跟臼井的辰娘娘一樣。

從靜岡市稍微往東，在東海道的松樹大道向北大約走四、五十間[12]的距離，也有一個著名的姥姥池。據說旅人來到池塘邊大喊：「姥姥沒路用！姥姥沒路用！」池水就會瞬間翻湧上來。「沒路用」是「無能」、「不中用」、「毫無價值」的意思。

這個傳說有很多版本，其中果然有些與咳嗽相關。《駿國雜志》中有一則故事說到，有名奶媽帶著主人的孩子來到姥姥池時，孩子一時咳嗽不止，奶媽想要取水讓孩子潤潤喉，結果一不留神，孩子因為咳得太猛而摔入池中身亡。奶媽覺得愧對主人，隨即投池自盡。因此，當祂聽到「姥姥沒路用」便於心不甘，只要有人祈求，就會幫忙治好咳嗽。

也有一說是，這位姥姥是金谷富翁家的奶媽，她向主人家旁邊的地藏菩薩石像祈求小主人的咳嗽趕快好，並且願意犧牲自己的性命換取小主人的健康，結果，不但小主人的咳嗽痊癒了，從此祂還一直持續救助受咳嗽之苦的人。

10 日本民間傳說中的冥河，為生界與死界的分界線。

11 獨生女代替少年睡在石枕上。

12 一間約為一．八公尺。

傳說通常會隨著每一次轉述而多少變了樣，這個池塘旁邊原本是供奉治療咳嗽的姥神，但傳到了某個時代，姥神就變成地藏菩薩的石像了。地藏菩薩是道路神，而且也是非常受孩童喜愛的神明。（靜岡縣清水市入江町元追分。《安倍郡誌》）

有人認為，姥神原本應該與子安娘娘一樣，都是守護孩童平安健康的神明，因此推測後來變成專門治療咳嗽疾病的神，可能是出於誤解。

上總南部的關村，從前有兩顆高約五尺[13]，周長約二十八尺，呈八角形且上面有洞的石頭。很久很久以前，這個村莊設置了關口大門，這兩顆石頭正是關口的基石，當地人稱為關之姥石。

儘管有人認為應該寫成「御場石」才對，因為「御場」的發音「おば」（oba）與「姥」相同，但它們似乎真的是神奇的「姥石」，怎麼說呢？因為後來為了拓寬道路而撤走其中一顆石頭後，從此村內災禍連連；嚇壞的村民只好重新物色替代的石頭，安置在南邊的小丘上，並且供奉為姥神。也有很多人把留在原地的那顆石頭當成姥石來祭拜。而且一如其他地方的神石般，相傳在過去這一百年間，姥石的重量已經翻了一倍。（千葉縣君津郡關村關。《上總町村誌》）

另外，有人提出一種說法，說專門治療咳嗽的姥神，其實是來自關村的姥神，因為發音的關係，「關」的發音「せき」（seki）與「咳」相同，人們開始向祂祈求治病。江戶時代的學者行智法印在一百多年前就提出這個觀點（《甲子夜話》六十三），但他不知道上總關村有兩顆姥石。

當然，關村的姥神不會只出現在上總與安房[14]之間的交界處，最著名的就是在京都到近江[15]途中的逢阪關口，也有一尊名為百歲堂的姥神，後來改稱為關寺小町，據說六歌仙名人小野小町[16]老年就住在這裡。

目前這尊姥神木雕像呈現的是手持詩箋與毛筆的老婦人形象，但從前是一尊面目猙獰的石像，而在此之前很可能只是一塊天然的石頭。行智法印等人認為，「せき」（seki）這個發音也有堵塞之意，甚至連道祖神都有這層意義。

在關東地區的道祖神石像中，很多都雕刻出了男像與女像，姥石也是如此，原本有很多成雙成對的姥石與爺石，但隨著人們更加重視姥神，這兩尊石像的關係也就越來越差了。

或許另一個原因是，隨著閻魔信仰的興盛，人們也開始在各地的寺院供奉起三途河婆婆的木像。在寺院裡，這位表情可怖的婆婆稱為

13 約一．五公尺。

14 舊時日本的行政區，約位於現今的千葉縣南部。

15 舊時日本的行政區，約位於現今的滋賀縣。

16 平安時代前期的和歌歌人，是「六歌仙」和《古今和歌集》收錄作者中的唯一女性。相傳容貌美豔絕倫，也使得「小町」一詞成為美女的代稱。

奪衣婆。最有名的故事是相傳祂會在通往地獄的三途河畔，剝奪生前作惡多端的亡者衣物。在日本人所編撰的《佛說地藏菩薩發心因緣十王經》中，詳細記載了這則故事，從中我們知道，奪衣婆絕不是寡婦，她的丈夫叫做懸衣翁。另外還有「鬼婆懲戒盜行，折斷雙手指，鬼翁憎恨無義，壓制住頭足」的記載，顯然兩者是夫妻，但大多只塑造出婆婆的木像。儘管這事大有原因，但各位可能不感興趣吧？總之，人們開始祭拜奪衣婆以後，姥神就常常是形單影隻，而且表情越來越可怖。

自從江戶人開始獻上炒香豆給關村的老婆婆後，城內就有幾十座寺院設有老婆婆木像，至今仍有許多人在盂蘭盆節前去參拜。而且在流行病盛行時期，有位面目可憎的老婆婆會爬進人家裡的傳言更是甚囂塵上。還有一位名叫甘酒婆的老婆婆，會爬進人家裡問有沒有甜酒，人們就稱祂是疫病神；家中有小孩的父母會在此時前去祭拜老婆婆神。關村的老婆婆在江戶如此有名，我想應該是從某一年傷風感冒等流行病盛行而開始的吧！

儘管「關村老婆婆」這個古老的名字流傳至今，但究竟是發生何事讓人們去向老婆婆石像祈求孩童早日康復，就不得而知了。

三途河婆婆中的三途河，其實也是一個關口。三途河在偽經《十王經》中寫成了「葬頭河」，但這個地名並非源自佛教，其發音「そうずか」（sozuka）在日語中是交界的意思，是後人將它套上了這樣困難的漢字的。

在富士山與其他靈山的登山口，或是通往大神社的路上，通常都會有這樣的地方，而且大多寫成「精進川」，這些地方有水流，信徒會取水淨身，至於這就是最原始的含義嗎？目前無法確定，也有可能只因為這裡是與神明領域的交界處，於是人們就更加戒慎恐懼地祭拜守護此地的神靈。

我們認為，從前關村的姥神與陪同的老爺爺神，應該都是受此地人們祭祀的石頭神，後來才被佛教人士拿去當成通往地獄的三瀨川[17]的鬼婆婆。因此，日本各地的「そうずか」（sozuka）多半都會供奉著奪衣婆的神像。

日本本土最北端的姥堂，位於奧州[18]南方的正津川村，我曾去參拜過一次。而在東海道上，尾張[19]熱田町的姥堂自古享負盛名。熱田神宮的精進川上有座御姥子橋，又名裁斷橋，姥堂就位於橋邊，裡面曾經供奉著一座高一丈六尺[20]的奪衣婆木像，於是有人認為熱田神宮其實是

17 同三途河、葬頭河。

18 即陸奧國，舊時日本的行政區，約位於現今的福島縣、宮城縣、岩手縣、青森縣及秋田縣東北部。

19 舊時日本的行政區，約位於現今的愛知縣西部。

20 約四．八公尺。

閻魔王宮而心生畏懼（《紹巴富士見道記》）。不過，這是因為他們早忘了姥神的原本樣貌。

《十王經》的內容純屬虛構，但根據這部經書來繪製地獄圖的人都在全日本各地旅行，再加上姥神是婦女，因此很快各地的御姥子娘娘都變成了面目猙獰的奪衣婆了。我認為祂們原本的相貌應該是相當慈眉善目的才對，否則不可能特地從地獄來到人間，和藹可親地守護人世間的孩童。

直到今天，三途河的姥神依然面容可怖，卻是孩子的好朋友。盂蘭盆節隔天的十六日，都會有放假的童工來找祂玩。不只如此，祂對更小的幼兒也是照顧有加，只要母親前來祈求就不必擔心奶水不足。看似生意做大到撈過了界，但這才是姥神自古以來的職責。

羽後[21]金澤的專光寺裡供奉了一尊婆婆神，寺方認定祂就是三途河的姥神，因為只要有母親因奶水不足而前來祈求，奶水就會變得十分充足。據說這尊神像是昔日專光寺開山祖師蓮開上人請回來的。相傳蓮開上人夢見一名女子對他說：「我在小野寺別當林的洞穴裡，那裡有我的雕像與大日如來的雕像，你快去請回來祭拜。」蓮開上人連忙趕去，果然看到兩尊雕像，隨即迎請回來。雄勝的小野寺是一處芍藥名勝，供奉著小野小町，既然是從那裡請來的神像，即使不及小野小町般美若天仙，也絕不會像鬼怪般可怖才對。（秋田縣仙北郡金澤町荒町。《秋田縣案內》）

另外，莊內大泉村天王寺的三途河姥神也有很多信眾，同樣只要是奶水不足的婦人前來祈求，奶水量就能增加。這尊神像年代久遠，因此我認為可能是後來改過名稱的。（山形縣西田川郡大泉村下清水。《三郡雜記》）

遠州[22]見付大地藏堂內的奪衣婆神像可能是比較新的，這裡也有許多前來祈求孩子平安長大的信徒，並獻上孩子的草鞋當作謝禮。第一次來祈願的人會借一雙草鞋，致謝時再奉上兩雙草鞋，因此地藏堂內總是擺滿了孩童的草鞋。（靜岡縣磐田郡見付町。《見付次第》）

上州[23]高崎市有一塊名為大師石的靈石，附近則有一尊弘法大師空海打造的姥神石像，名為三途河婆婆石。據說咳嗽的人向祂祈求，如果獲得應允，就會帶炒麥粉來祭拜。（群馬縣高崎市赤坂町。《高崎志》）

而越後[24]長岡有一座長福寺，裡面有間古老的十王堂，奉祀閻魔。

21 舊時日本的行政區，約位於現今的秋田縣及山形縣北部。

22 即遠江國，舊時日本的行政區，位於現今的靜岡縣西部。

23 即上野國，舊時日本的行政區，位於現今的群馬縣。

24 舊時日本的行政區，約位於現今的新潟縣。

民眾說，只要拿炒過的米穀粉來祈求治療咳嗽，就會立即痊癒，因此治咳十王的盛名在當地無人不知無人不曉。

向閻魔獻上炒米穀粉的故事很少見，有可能是像見付地藏堂的草鞋一樣，是為了配合同在一處的姥神而形成的習俗。有人認為閻魔與地藏王菩薩是同一尊神的兩種面向。果真要是如此，地藏王本來就是孩童的守護神了，似乎沒必要再向面目猙獰的老婆婆求助，但我倒是認為，過去人們早已認定這位老婆婆是子安神，加上祂總是供奉在佛堂的角落，信徒很容易看到，因此小孩或是母親有事相求，直接找這位姥神還是比較方便的。事實上，一直到最近，參加地藏王或閻魔祭典的人全都是婦女。或許這就是子安娘娘成為三途河的姥神後，依然受到民眾敬拜的原因之一。

驚奇湧泉

小主人落水，身為照顧者的奶媽難辭其咎而投水自盡的故事，除了駿河[1]的姥神池以外，其他地方也流傳著同樣的案例，因此這類傳聞應該確有其事，只不過雖有一些內容相似卻過於詭異，後人便把它們歸為鄉野奇譚了。

越後的蓮華寺村就有這樣的傳說，故事發生在一口名為阿姨井的古井，相傳只要靠近井邊，大聲呼喊「阿姨！」，井底會立即湧出許多氣泡，像是在回應般。有些人對此現象存疑，改喊出「哥哥！」、「妹妹！」，卻都不見氣泡冒出來。（新潟縣三島郡大津村蓮華寺字佛入。《溫故之栞》十四）

由此可見，很多人相信即使阿姨已經過世很久了，她的魂魄仍在水中徘徊。同樣在越後，曾地峠這個地方也有一口井，名為阿萬井。傳言人們站在井邊大聲呼喚「阿萬！阿萬！」，水面便會立即出現小小的漣漪。

1 舊時日本的行政區，約位於現今的靜岡縣中部及東北部。

據說阿萬是當地某個武士的妻子。武士出於憎恨，將阿萬殺死後棄屍井中，阿萬的怨念就這樣久久徘徊井中不去了。（新潟縣刈羽郡中通村曾地。高木敏雄的《傳說集》）

另一則類似的傳說出現在上州伊勢崎附近的書上原地區。那裡有一個阿滿池，只要站在池邊大喊「阿滿！」，池水便會向上翻騰，當地人說：「喊幾次，水就翻騰幾次。」（群馬縣佐波郡殖蓮村上植木。《伊勢崎風土記》）

「阿滿」、「阿萬」，以及阿姨井的「阿姨」，它們的發音都很像，分別是「あま」（ama）、「おまん」（oman）、「おば」（oba），或許藏著什麼不為人知的原因吧！

前面提過駿河的姥神池，當人們喊出「姥姥！」，池水會翻湧而上，如果大喊「姥姥沒路用！」，還會噴出高高的水泡，掀起波瀾。

有活水湧出的池塘與水井，只要仔細觀察，應能看到氣泡冒出，如果有人踩踏周邊的軟土，水面也可能產生波動；只不過，竟然能夠只憑大叫或不大聲叫來控制泉水湧出或靜止，實在太奇妙了。話說回來，這些傳聞由來已久，想必是人們特別加以關注才會知道這些狀況。

各地都有如此不可思議的傳說，我們再來看看幾則故事吧！

在攝津[2]的有馬溫泉附近，有一個小小的溫泉口，相傳只要有人走近並大聲叫罵，溫泉就會立即湧出，於是人們稱它為後妻湯。「後妻」指的是男子在元配過世後所娶的繼室、填房，後來又有嫉妒、吵架之意，據說就算沒人在溫泉邊破口大罵，只要有精心打扮的年輕女子走近，泉水就會發狂似地翻湧，因此又有人稱它為嫉妬湯。各位是不是覺得故事內容跟姥神池很像呢？（兵庫縣有馬郡有馬町。《攝津名所圖會》）

野州[3]那須溫泉曾有一處名為教傳地獄的地方，大約距離湯本約三町[4]遠。據說只要對著溫泉大喊「教傳沒路用！」，泉水就會突然湧出。

故事是這樣的，從前有個名叫教傳的男子，某天要上山砍材，因為母親早飯做得太晚，約好的同行友人只好自行前往，教傳為此遷怒母親，將她推倒後衝出門。老天為了懲罰教傳的不孝，就讓他的靈魂永遠困在那裡。（栃木縣那須郡那須村湯本。《因果物語》）

伊豆的熱海有一處溫泉叫做平左衛門湯，據說只要有人嘲笑大喊「平左衛門沒路用！」，泉水就會湧出。許多旅人覺得很有趣，就給了

2 舊時日本的行政區，約位於現今的大阪府北部及兵庫縣東部。

3 即上野國，舊時日本的行政區，約位於現今的栃木縣。

4 一町約為一〇九公尺。

村裡的孩子一些錢，要他們喊來看看。我猜想，這處溫泉應該是所謂的間歇泉。

在此之前，東邊還有另一處溫泉叫做清左衛門湯，又稱法齋湯，傳出只要對著溫泉大聲唱誦佛號，然後靜靜觀察一下，泉水就會滾滾湧出。「法齋」看似人名，但其實是一種念佛舞蹈，因此那裡也被稱為「法齋念佛川」。有人說，即使不念佛，只要大聲說點什麼，泉水也會湧出。但或許完全默不作聲，泉水也會自然湧出吧！（靜岡縣田方郡熱海町。《廣益俗說》弁遺篇等）

不只是溫泉，很多地方都有念佛便會湧出泉水的池塘。例如京都西邊的友岡村，百姓太右衛門的宅邸後面有一座老是乾涸的水池，但只要站在池邊誦念佛號，池水就會突然湧出，於是又叫做念佛池。我還沒實際走訪這座池塘，不知道目前情況如何。（京都府乙訓郡新神足村友岡。《緘石錄》）

美濃[5]谷汲的念佛池是三十三所觀音靈場之一，自古聲名遠播。池塘上有一座小橋，稱為念佛橋，橋下有一座石塔，只要站在橋上面對石塔念佛，水面就會冒出滾滾水珠。更奇妙的是，如果靜靜地念佛，

水珠會靜靜地冒出，但如果快速地念佛，水珠也會快速冒出，與急切的佛號聲相呼應。（岐阜縣揖斐郡谷汲村。《諸國里人談》）

美濃的伊自良村還有一處念佛池，我想應該也有相同的傳說吧！據說池水甘美，皮膚病者取水塗抹患部，很快就能痊癒。（岐阜縣山縣郡上伊自良村。《稿本美濃誌》）

上總八重原村的一所小學後面，有個念佛池保留至今。當人們站在池邊念佛，出現的奇景不是水面冒泡，而是從水底突然湧出乾淨的泥沙。不過，推測這也是水底出現湧泉的現象。（千葉縣君津郡八重原村。《日本傳說叢書》上總之卷）

而有一處念佛池的情況剛好相反，這座池塘位於陸前[6]岩出山附近一個叫做善知鳥坂的坡地旁邊，平時池底總會不斷湧出泉水與沙子，但只要有人走近，唸誦「南無阿彌陀佛」後拍手，湧泉就會暫時停歇。後人稱如此奇妙的泉水為「驚奇湧泉」。（宮城縣玉造郡岩出山町。《撫子日記》）

驚奇湧泉與一般的池塘、泉水不同，據說它彷如一個有生命的人，是一處活生生的泉水。《豐後風土記》這部千年古書中也有類似的記載。

5 舊時日本的行政區，約位於現今的岐阜縣南部。

6 舊時日本的行政區，約位於現今的宮城縣南部。

大約在現今別府溫泉附近有一處溫泉池叫做玖倍利湯之井，池裡積滿黑色淤泥以致池水無法流動，但只要有人悄悄靠近出水口，突然出聲大喊，泉水就會猛然地向上噴出二丈[7]高。這樣的故事流傳下來並且與念佛扯上關係，我想是後來念佛風氣盛行的緣故吧！

同樣在大分田野的千町牟田地區，有一處傳說人物朝日長者的宅邸遺跡，那裡也有一個叫做念佛水的小池塘。當人們站在池邊念誦南無阿彌陀佛，池水會呼應似地冒出水泡，咕嘟咕嘟地冒個不停。（大分縣玖珠郡飯田村田野。《豐薩軍記》）

此外，大分縣東方近海有一座姬島，島上有一處泉水名為拍子水，每當有人拍手，泉水就會應聲迸出，成為姬島的七大奇觀之一。這座島嶼的主神赤水明神是一尊女神。當人們為了依照習俗將牙齒染黑而來這裡取水染牙，水就會呈現赤鏽色，因此有人稱之為銕漿水。神社建在泉水前的岩石上，而神明手上拿著筆，呈現一位像是正要染牙的女性形象。奇特的是，這處泉水不僅會隨著拍手而湧出，據說胃腸不適的人飲用泉水後即可康復，塗抹在皮膚患部也能痊癒，這點與美濃伊自良的念佛池一樣。（大分縣東國東郡姬島村。《日女島考》等）

據說中國各地也有很多類似的泉水，而且各有不同的名稱。例如某地有個咄泉，只要有人大聲喊叫便會湧出泉水；某地有個笑泉，只要有人發出笑聲就會突然湧出泉水，換句話說，跟驚奇湧泉有些相似。另外，某地有個喜客泉，只要有人靠近，泉水就會歡喜地湧出；還有撫掌泉，只要有人拍手，泉水就會應聲流動。

日本的這類湧泉，也不是非得念佛才會湧出泉水，儘管必須親臨現場才能確定，但我推測應該是池塘周圍的泥土較軟，人們踩踏的力量促成了水面波動吧。常陸[8]青柳村附近有一座泉之杜神社，只要傳出人或馬的腳步聲，那裡的泉水就會翻滾如沸水，因此人們稱它為活水，也有人認為，日本和歌中著名的「出水川三日之原」就是這裡。（茨城縣那珂郡柳河村青柳。《廣益俗說》弁遺篇）

此外，甲州佐久神社的七釜御手洗湧泉也是一樣，據說有人從旁邊走過時，泉水就會湧出，還會有細小的沙粒浮動其間，蔚為奇觀。如果只要靠近就會湧出水來，那麼念誦「南無阿彌陀佛」或是喊出「姥姥沒路用！」，當然也會湧出水來，只是沒人去做這個驗證罷了。（山梨縣東八代郡富士見村河內。《明治神社誌料》）

7 約六公尺。

8 舊時日本的行政區，約位於現今的茨城縣。

與現代相比，古代人尋找飲用水的技術十分落後，他們並不知道可以挖井提取地下水，因此必須特地去河邊或池塘取水，或者架設導水用的竹管從遠處引水。這些不便導致他們無法住在遠離水源的地方。換句話說，當有人偶然間發現新的泉源，便會欣喜感恩地祭拜當地神明，久而久之，水源附近便形成聚落。

旅人也會到有水的地方去，因為旅途中缺水將帶來極度的不便。其中有些人比一般人更擅長尋找水源，他們會觀察土地的情況來推測地下是否有水，並教導當地人如何挖井汲水。有些旅人是雲遊四方的行腳僧，例如平安時代中期的知名僧侶空也上人。這些人在各地找到優質水源，打造水井，贏得居民的感恩戴德。

空也上人是在日本推廣念佛法門的開山祖師，信眾每次汲取清澈的泉水，必會感念上人的功德。日本各地都有許多名為阿彌陀佛井的古井，想必是人們經常在井邊誦念佛號的關係吧！此外，空也派的念佛法門是以眾人邊念佛邊舞蹈的方式進行。或許因為這種共修方式十分特別，讓後人注意到念佛池的種種奇特現象。

不過，如果只是出於這個原因，就不會有其他各地的驚奇湧泉，以及阿萬池、阿滿池的傳說了。與其說是念佛僧雲遊四方造井，或許更可能的原因是，人們早就在感念神明的賜水之恩而虔誠祭拜，後來因緣際會才又加進了念佛的信仰。而且，透過接下來我要介紹的許多傳說，我們逐漸明白，這尊神明原來就是子安娘娘，又稱姥神。

「大師講」的由來

根據傳說，除了空也上人，還有一位了不起的大師行腳日本各地，為村民找到了更多清澈的泉水。很多地方都認為這位大師就是高野山的弘法大師空海，但歷史上的弘法大師三十三歲自中國學成歸來，此後三十年間全心全意創建高野山道場，並且留下了多部高深的著作，為京都人做出許多重要的貢獻，因此不可能去到那麼遙遠的地方旅行。然而，正因為他是如此偉大的人物，才讓有些人覺得他並非真的死去，而是一直在各地遊歷修行，久而久之，這種說法就傳遍四方了。

高野山大師堂每年四月二十一日會為大師像舉行更衣儀式，每次總會發現經過了一年，大師的衣衫不僅下襬破損，而且多有泥沙。人們相信，這就是直到今天大師仍悄悄雲遊四方、走訪各地村落的證據。

總之，傳說中的弘法大師到過許多偏僻的村莊。大師走過之地，必會留下神奇的傳說，而且內容大致相仿，最常見的就是讓原本無水之地出現清澈的甘泉。在東日本，這些甘泉通常稱為弘法井或弘法池，在九州則是稱為御大師水，起初並未特別傳說這大師究竟是誰，但後來很多人認為應該就是弘法大師。

這類故事實在太多了，一一羅列出來沒什麼意思，我就介紹自己剛好想到的。各位要是有興趣，不妨問問其他人，很可能在你家附近的村莊就有類似的傳說，而且主角多半會是一名婦女，其實這名婦女就是關的姥神。

在不易取得飲用水的地方，通常都有很多這類的民間故事，我認為這是因為人們無法忘懷尋得水源的感恩喜悅之情。例如，在石川縣的能美郡，許多村莊都有弘法泉，默默述說著過去大師尚未來訪之前的用水困境。

又例如粟津村井之口的弘法池，位於村莊的北端，是一口大家共用的水井。據說過去村中還沒有任何水源時，有位老婆婆老遠打水回來準備洗米，碰巧遇到路過的大師口渴，老婆婆便把辛苦打來的水供養給大師。大師感念老婆婆的善心，說道：「既然這裡用水這麼不方便，我就送你們一口井吧！」接著就將行旅用的手杖插入地面，瞬間泉水滾滾湧出，形成一座池塘，這就是弘法池的由來。

另一個例子是位於鳥越村的釜清水聚落，釜池這口清泉至今聞名，而以它為村名就是因為這裡原本沒有水源，村民都得遠赴手取川汲水。據說，當地望族次郎左衛門的歷代祖先中，有位老婆婆曾經將辛苦取回的水供養給大師，大師便在她家門前造了這口井作為回報。直到今天，池邊還有一間大師堂，就是村民為紀念大師的賜水之恩所建。

花阪村起初也沒有潔淨的水源，後來有個老婆婆從遠處挑水回來，碰巧遇到大師並請他喝水，於是，大師又一次插下他的手杖，告訴婆婆可以挖開來看看。這就是今天花阪村的弘法池。

不過，就在花阪村附近的打越村，至今依然沒有任何水井，村民每天都得到河邊取水。據說這是因為很久以前，大師向村裡一位老婆婆要水喝，老婆婆給的竟然是洗圍裙用的水，因此遭到懲罰。

湊村以前也有兩處弘法大師指引的泉水，其中一處已經埋在手取川的堤防下面，相傳這也是大師用手杖插入地面後冒出來的湧泉。但隔壁的吉原村，不僅沒有堪用的水井，至今還有所謂的「吉原紅腳」之說，村民只要穿上「股引」這種長褲就會生病，因此連在嚴寒的冬天都會露出凍得紅通通的雙腳。這是因為大師向村中一名正在洗股引的老婆婆要水喝，老婆婆竟然拿洗股引的水潑在大師身上。善心老婆婆與壞心老婆婆的故事，是不是跟《開花爺爺》、《割舌麻雀》很像呢？（以上皆出自《能美郡誌》）

此外，能登半島海邊有個羽阪村，傳說從前弘法大師經過這裡時向一個村民討水喝，對方卻吝嗇且無情地拒絕，大師一氣之下沒收了全村的水源，直到今天不管在哪裡挖水，水中都有一股鐵鏽味，根本不能喝，村民想喝水只能跑到河邊取水了。（石川縣鹿島郡鳥尾村羽阪。《能登國名跡志》）

羽咋郡的末吉村也是因為村民捨不得分一杯水給大師喝，至今仍無乾淨的水源。但附近的志加浦上野部落，因為居民對大師十分親切，大師便指向旁邊的岩石，瞬間岩石冒出潺潺清泉。據說當地名產志賀晒布與能登縮布，都是用這些泉水漂洗出來的，村民至今仍享受著這口清泉帶來的種種利便。（石川縣羽咋郡志加浦村上野。《鄉土研究》第三篇）

另一個例子是發生在若狹[1]的關谷川原，這裡有一條比治川，平時河川乾涸，但下大雨時水位就會滿到無法渡河，讓人傷透腦筋。相傳這也是因為過去有個老婆婆在河邊洗衣服，碰到行腳到此請求給水止渴的弘法大師，但老婆婆卻說村中沒有飲用水而斷然拒絕。大師一怒之下，當場唸了幾句咒語，河水便全部流到地底下，變成一條毫無用處的乾河了。（福井縣大飯郡青鄉村關屋。《若狹郡縣志》）

近江的湖泊北邊有個今市村，村中只有一口眾人公用的水井，而且水質相當好。據說弘法大師雲遊四方來到這裡時，向一名年輕少女討水喝。結果少女熱心地跑到遠方取水，讓大師等候多時。大師得知原委後，心生不捨，就拿起手杖插進旁邊的岩石間，剎時清泉滾滾湧出，成為今日這口水井。（滋賀縣伊香郡片岡村今市。《鄉土研究》第二篇）

伊勢[2]的仁田村有兩口位於小巷弄裡的古井，其中一口水質混濁，只能用來洗衣服，另一口則是清澈甘美。傳說中，一名老婦人在洗衣服時，弘法大師前來尋水，老婦人說這裡的水不乾淨，於是特地跑到很遠的地方取水回來給大師喝；大師為了解決村民的用水困擾，便拿起手杖插進濁井旁邊的空地，結果那裡就湧出了清泉。（三重縣多氣郡佐奈村仁田。《伊勢名勝誌》）

1 舊時日本的行政區，約位於現今的福井縣南部。

2 舊時日本的行政區，約位於現今的三重縣一帶。

弘法大師待在紀州[3]的時間相當長，因此那裡的名泉幾乎都是來自大師的恩賜，光是一個日高郡就有多處弘法井，例如南部的東吉田、上南部的熊岡、東內原的原谷，西內原池田的大師堂附近也有。船津阪本的弘法井，至今仍有過路人前來獻花或投錢許願。高家水飲谷的泉水，據說是弘法大師用指尖插入地面後湧現的甘泉。而南部舊熊野街道山路上也有一處弘法井，相傳是一名好心的老婦人跑到千里之外的海邊取水給大師飲用，大師深感此地取水困難重重，於是將錫杖的前端插入地面，造就出這口井。（以上皆出自《南紀土俗資料》）

伊都郡的野村有一處弘法大師以手杖戳穿地面而湧出的泉水，寬約五尺的流泉從高度約二十五間的山邊落下，滋潤遼闊的田地。我不知道這則故事是否還流傳著，但那處泉水至今仍名為姥姥瀑布。杖藪村也有一口大師用手杖刺穿出來的水井，名為加持水。據說大師刺出水井後，便把手杖棄置一旁，結果手杖不斷長大，最終變成了一片竹林，杖藪村之名就是這樣來的。（和歌山縣伊都郡高野村杖藪。《紀伊續風土記》）

類似的故事太多了，就此打住吧！四國有所謂的大師八十八所靈場，因此，大師將手杖插入地面，手杖就此落地生根，並且茁壯成一棵大樹的故事，實在多得不勝枚舉。此外，好婆婆慷慨給一杯水，壞婆婆吝嗇連一杯水都不給，導致大師讓壞婆婆村子的井水污濁難喝，好婆婆村子的井水清澈甘美，這樣的傳說各地都有，早已變成大人說給孩子聽的民間故事了。

與手杖有關的湧泉故事，其中特別有名的就是阿波[4]下分上山的柳水。傳說這個村子原本沒有水源，大師用手杖刺進岩石後，清泉就此湧現，而且後來手杖就在泉水旁，長成了一棵四季常綠茂盛的柳樹。（德島縣名西郡下分上山村。《阿州奇事雜話》）

伊予[5]高井西林寺有一口拐杖潭，據傳這裡過去也沒有水源，但大師來了以後，用手杖插入地面，一口美麗的泉水就湧現了。不過，那根手杖已經消失不見，究竟是竹子還是柳枝便無從得知了。（愛媛縣溫泉郡久米村高井。《伊予溫故錄》）

為什麼旅行中的僧侶總是在所到之處插上手杖呢？我曾經設想過種種情況，但與池塘或泉水無關的我就不多提了。例如，九州南方的性空上人、越後七個不思議故事中的親鸞上人、甲州御嶽神社附近的

3 即紀伊國，舊時日本的行政區，約位於現今的和歌山縣、三重縣南部。

4 舊時日本的行政區，約位於現今的德島縣。

5 舊時日本的行政區，約位於現今的愛媛縣。

日蓮上人等，這些都是將竹杖插進泥土中後，竹杖繼續長大的故事，但出現湧泉的故事則多半與弘法大師有關。

在東京附近的入間郡，有個地方叫做三井，據說大師來訪時，有名善良的村婦正在織布。大師表示了想要喝水，她便放下手中的工作，走到遠處取水。為了減輕婦人取水的不便，大師立即插上手杖，結果冒出清泉，至今依然流水潺潺，甚至成為當地的地名。（埼玉縣入間郡所澤町上新井字三井。《新篇武藏風土記稿》）

女人織布的故事從古至今流傳不斷，應該有些特別的原因吧？而如今知道的大師井，最北是位於山形縣的吉川，表示傳說中的弘法大師也曾來到這裡。當時大師來到湯殿山闢建道場，有一次口渴了，走進一戶民家請求給水喝。沒想到女主人心腸很壞，竟然拿出洗米水。大師默默喝下後便離開了。後來，女主人的臉就變成了馬臉。

之後，大師來到距離二、三町的另一戶人家，女主人正在織布。大師再次請求給水喝時，她毫不猶豫地放下織布的工作，跑到很遠的地方取水回來。大師很高興，見這個村落沒有好水，便說：「我就挖一口井送你們吧！」然後拿起手杖在地面挖了一個洞，清水從中湧出。這

口大師井依然保留至今。（山形縣西村山郡川土居村吉川。《鄉土研究》第一篇）

到這裡，我們有必要思考一件事，這些故事中的造井之人，真的是弘法大師空海嗎？在幅員廣闊的日本各地行腳，而且每到一處都留下不可思議的傳說，實在不是人類做得到的事。那麼，如果不當作是神蹟，而當作是古代某位偉人的建樹，那會想到誰呢？顯然弘法大師是不二人選吧！

除了水井、池塘，有幾座溫泉也傳出手杖掘出湧泉的故事，例如位於上州深山裡的川場溫泉。傳說弘法大師曾經行腳至此，借宿某戶民家，想洗洗腳時發現無水可用，覺得很不方便，於是拿起手杖在那戶人家的門口戳了一下，溫泉立刻湧出來。基於這個緣故，當地人認為這口溫泉對於治療腳氣病很有效，而且目前溫泉口旁邊還立著一尊小小的大師石像供人膜拜。（群馬縣利根郡川場村川場湯原。《鄉土研究》第一篇）

不過，攝津有馬溫泉流傳的，是豐臣秀吉用手杖敲擊地面使溫泉湧出的故事。有一次豐臣秀吉出遊來到有馬，經過一座名為清涼院的寺院門前，半開玩笑地拿手杖敲擊地面說：「要是能冒出溫泉就好了，那麼我就會再來這裡。」結果溫泉就從他腳邊冒出來了。從此，人們便稱這口溫泉為上之湯或願之湯，但後來只剩下名稱，再也沒有溫泉水流出了。

在很多人的心目中，豐臣秀吉是一位具有神通，凡事皆能心想事成的大人物，因此相信這則傳說不無可能。總之，擊杖湧泉的事並非一定要弘法大師才行。

尾張生路村一座寺院下方有清澈的湧泉，當地人認為那是大師挖的井，但後來得知這不是最原始的版本。相傳最早是在四百年前，有位學者受寺院之託寫下了一篇文章，記載古代神話英雄人物日本武尊來到此地狩獵，口渴時卻找不到飲用水，於是用弓的尖端敲擊岩石，清泉就汩汩湧出了，這就是這口井的起源。目前泉水已經乾涸，但從前村民十分尊敬這口井，甚至相信如果有不淨之人前來取水，水質就會立刻變得混濁。（愛知縣失多郡東浦村生路。《張州府志》）

其他地區也有很多類似的傳說，只是登場人物或有不同罷了。在關東地區，人們津津樂道的是平安時代後期著名武將八幡太郎義家的故事。據傳他在征戰途中找不到飲用水而向神明祈求，然後拿弓擊打岩石，又把箭刺入地面後，泉水湧出，供全體士兵解渴。於是，人們視這些泉水為神水，建社祭神以表達謝意，神社中大多供奉八幡大神。

泉水的出口位置若是偏高，通常周邊泥土很快就會被沖刷掉而露出岩石，一般人根本不可能看出裡面藏著湧泉，於是很多人相信八幡太郎擁有某種神奇的力量。就這樣，石清水八幡的故事廣為流傳，並衍生出各種不同的版本，如果泉水出現在沒有任何神社的鄉野、路旁，乃至就出現在家屋裡面，也會傳成是某位雲遊四方的行腳僧以手杖敲擊出來的。

此後，人們流行將各種不可思議的大自然奇觀，解釋成弘法大師的傑作。其中最為人熟知的例子是一種叫做石芋的植物，葉子長得跟芋頭一樣，但根部硬得無法食用；另外還有一種索然無味的梨子叫做不食梨。相傳古時候有位行腳僧經過種植這些植物的地方，向主人要一個來解飢，但吝嗇的主人謊稱芋頭太硬不能吃、梨子很澀不能吃，行腳僧只好默默離去。後來人們才知道他就是弘法大師，而且很玄的是，那些芋頭與梨子從此就變得又硬又澀，真的沒辦法吃了。

傳說中的弘法大師似乎不是過於憤怒，就是過於歡喜。此外，這些傳說都與佛法的教化無關，而是關注百姓日常生活中的善惡大小事。立杖湧泉或解救眾生苦難還好，但一氣之下讓井水出現鐵鏽味，讓芋頭與水果變得無法食用，就不像是這些人物會做的事了。

話說回來，日本古老的思維中，人們的幸與不幸都是源於對神明的敬與不敬。直到今天，遇到新的問題時，依然有人抱持這種想法。因此我認為，將這些故事套在弘法大師身上，應該是出於某些誤解吧！

接下來，我再舉一些更稀奇的傳說為例，請大家思考看看。這則故事與石芋、不食梨剛好相反，而且很多地方都有相似的傳說。據說，這也是弘法大師的神力，讓煮過、烤過的栗子再次發芽，長成大樹且結實纍纍。

越後上野原等地的烤栗子，成為親鸞上人的一則逸事。有個虔誠的老太太送上烤栗子給上人，上人將栗子埋在土中，說道：「如果我的教誨流傳後世，蓬勃發展，這些栗子就會發芽。」之後果然應驗了，栗子不但長成一大片栗子林，還贏得三度栗之稱，每年可以結果三次。這樣的故事之所以流傳開來，是因為這種柴栗的顏色比其他的更黑，看起來像是用火烤過一樣。

京都南部某個村落也傳出類似的故事，主角則是天武天皇。相傳有一回，天武天皇前往芳野山的途中，在這個村子休息，有人獻上煮熟的栗子，天皇表示：「如果我會再次回到這裡，這些煮熟的栗子就會發芽，長成枝葉繁茂的大樹。」果然栗子的種子就應驗地永世流傳。

另一種說法是春日大神首度來到大和[6]時，隨行的神主播下了煮熟栗子的種子。總之，這些傳說的主角未必非是弘法大師不可。

此外還有半身魚、獨眼魚的故事。傳聞有人正要烤鯽魚來吃時，大師剛好過來，請對方把魚送給他，然後將魚放到小水池裡。從此，池中的鯽魚就都是一面顏色正常，一面黑不溜丟彷彿烤焦了一樣。也有些魚只有一隻眼睛，或者魚身薄得活像被切掉一半。

從動物學的角度來看，似乎不存在這樣的魚類，但無論如何很多池塘都出現了這種獨眼魚，而這些池塘通常位於神社或古老的廟宇旁邊。只能說，池塘與大師也有這類的關聯。

另外還有衣掛岩、羽衣松的傳說，同樣發生在水邊，大致是長得奇形怪狀的岩石或大樹上，掛著不可思議的神衣。通常主角會是高貴

6 舊時日本的行政區，約位於現今的奈良縣一帶。

的公主，但不知何時開始，又換成弘法大師了。

備前[7]海岸有一座間口灣，常搭船往來的人都知道，海灣角落處有一塊名為裳掛岩的大石頭。相傳是飛鳥井姬這名美女的外衣從遠方飄來，掛在岩石上。但當地人還有另一種說法，他們說是從前大師來到間口部落，想把法衣晾乾而向村民借竹竿，但村民冷漠地推說沒有竹竿，無可奈何之下，大師只好將濕掉的法衣掛在岩石上晒乾。我猜，故事中應該也有一個壞心腸的女子事後遭受懲罰吧！（岡山縣邑久郡裳掛村福谷。《邑久郡誌》）

安房青木村中有一口弘法大師的芋頭井，井底長著外形如芋葉般的植物，青翠茂盛。相傳昔日大師來到這個村落時，到一個老婆婆家要一些芋頭吃，但老婆婆吝嗇不給，謊稱那些芋頭都是石芋。結果，芋頭立刻變得堅硬如石，無法食用，被老婆婆扔到屋外後，那裡竟然湧出泉水，變成一口水井。這肯定是將兩種傳說混在一起了。老婆婆雖因不給芋頭而受到懲罰，但那口井卻是全村最乾淨的水源。傳說也會這樣，有些缺了一半，有些又結合了別的故事。（千葉縣安房郡白濱村青木。《安房志》）

會津有個大鹽村，村民都是到山中取水，直到最近還會用大鍋子煮山泉水來製鹽。這樣的深山中居然有鹽井，連當地人都嘖嘖稱奇。相傳是弘法大師來到這裡時，用神奇的法術召喚海水。至於是什麼樣的婦女引起這個故事呢？人們多半不記得了。（福島縣耶麻郡大鹽村。《半日閑話》）

而在安房神余的畑中部落，有一口從河流中湧出的鹽井，至今仍流傳著這口井的緣由。從前，金丸氏有一名家臣叫做杉浦吉之丞，死後留下寡婦美和女，是個心地善良、樂善好施的人。大同三年[8]十一月二十四日，一名行腳僧前來尋求食物，她就給了僧人一碗紅豆粥。僧人嚐了一口，發現這碗粥沒有鹹味，一問之下，她說：「我們家太窮了，買不起鹽。」僧人心中不捨，於是走到河岸邊，將手中的錫杖插進地面，祈禱片刻後拔出錫杖，瞬間洞中湧出水流，甚至飛濺到她的臉上。她舔了一口，發現那是上等好鹽。據說古書上有記載，這位僧人就是弘法大師。

即使書上有記載，相信任何人都知道這不是歷史。故事中弘法大師旅行時的大同三年前後，根本都還沒有金丸家與杉浦氏。而我更想

7 舊時日本的行政區，約位於現今的岡山縣、香川縣一帶。

8 西元八〇八年。

告訴各位的是，十一月二十四日的前一天晚上，至今在關東地區的各個村莊還會舉辦大師講活動[9]，民眾煮紅豆粥來祭拜大師。由於這一天剛好是天台宗智者大師的忌日，因此在天台宗的寺院也會舉辦大師講，但在其他許多鄉村，人們祭拜的是弘法大師。

智者大師法名智顗，法號智者，是中國的高僧，大約一千三百四十年前去世[10]，生前從未來過日本。而弘法大師與十一月二十三日晚上並無任何關聯，但不論是哪個村莊，人們都相信這一夜，大師必定會從自家門前走過，因此便在這一天祭拜。

在舊曆的十一月底，天氣已經相當寒冷，信州[11]與越後地區差不多要下雪了，而在二十三日的晚上，多多少少必會下雪，人們稱之為「隱藏でんぼ的雪」。這裡也有一個跟老婆婆有關的傳說。

在信州等地的方言中，「でんぼ」（denbo）的意思是沒有腳趾。從前從前，有個虔誠但貧窮的老婆婆，一心想要供養大師，便擅闖別人家的田地偷採芋頭與蘿蔔。由於老婆婆沒有腳趾，留下腳印便很容易被識破，大師心疼不捨，於是施展法術讓天降大雪來隱藏她的腳印。至今仍有人相信這天必會下起「隱藏でんぼ的雪」。（《南安曇郡誌》等）

不過，後來我們發現這則傳說應該是有些誤解吧！在信州，這天晚上供奉食物時，要用蘆葦的莖做成筷子，而且要一長一短，這點也跟「隱藏でんぼ」有關。據傳這個老婆婆不僅沒有腳趾，還瘸了一腿。有些地方則認為大師天生就是個瘸子，這天晚上他會在各個村莊走動，大雪正可以覆蓋腳印，因此他也很開心。後來甚至出現一句俚語：「隱藏無趾大師的足跡」。（《小谷口碑集》）

在越後地區，自古供奉大師的紅豆粥也會附上栗枝做成的長短筷，據說重聽的人只要將這個筷子貼近耳洞就能聽得一清二楚。另外，這個夜晚下的雪稱為「隱跡雪」，會將大師在村莊間行走時的足跡隱藏起來，不被別人看到。（《越後風俗問狀答》）

這樣一來，我們逐漸明白，這裡的大師既不是弘法大師，也不是智者大師。

話說直到今天，仍有許多人相信山神是一尊獨腳神，因此他們會製造一隻而非一雙的大草鞋來獻給山神。據說在嚴冬時分，山神有時會下山走到村里，地上的積雪反而會曝露祂的足跡。

後來隨著佛教的傳入，信仰山神的人越來越少，淪為只有小孩子

9 十一月二十三日晚上跨夜至二十四日的民俗儀式。各地區依其在地習俗祭拜智者大師、弘法大師、元三大師等，家戶會吃小（紅）豆粥與糰子。

10 智者大師生於西元五三八年，於五九七年圓寂。

11 即信濃國，舊時日本的行政區，約位於現今的長野縣。

才會懼怕的神，最後還被歸類為妖怪。但是一開始，山神在人們心中的形象，就像希臘以及斯堪地那維亞等地的古老神祇一樣，只有一隻腳，也只有一隻眼睛。或許與上述事情無關，總之，在十一月二十三日夜晚走遍日本各村莊，受到民眾以紅豆粥祭拜的，並非一個普通有成就的人，人們都以「だいし」（daishi）稱呼這個人，而識字的人就把他想成是「大師」了。

這個「だいし」如果以漢字表示，我認為應該是「大子」才對吧！「大子」兩字最初的日文讀音是「おおご」（ogo），意指大兒子，也就是長男，但自從改用漢字的讀音「だいし」後，逐漸變成只用來稱呼神明與尊貴人士之子，後來發音又變成「たいし」（taishi）[12]，就又變成聖德太子的代名詞了。

由於過去鄉下地方仍有人使用這個古老的詞彙，久而久之便與佛教的大師混淆，不過，原本的傳說主角是神明之子，因此只要留意就會知道，這些內容大多不像是大師的作為。

信州南部有個地方叫做龍丘村的琴原，居民祭祀一尊跛腳神明淨元大姉，「大姉」的日文讀音就是「だいし」（daishi）。有人說該神社原本是室町幕府第三代將軍足利義滿的宅邸花之御所，也有人說淨元大姉是後醍醐天皇的妹妹，但這些說法似乎也是從人們祭拜大子與姥神而開始流傳的。這位大子在旅途中腳受傷而吃盡了苦頭，因此發願要永遠治療當地居民的腳疾。至今仍有信徒前往參拜，並獻上一隻草鞋當做謝禮，後來便流傳一句俚語：「跛腳山神的單隻草鞋」。（長野縣下伊那郡龍丘村。《傳說的下伊那》）

尊貴的天神之子又稱王子權現[13]、若宮兒宮，廣受各地村民祭拜。此外，木匠、樵夫等山林相關職業者所祭拜的御太子神，在佛教徒心中多半認定是聖德太子，但或許最初祂也是神明之子吧！

許多古老的大神社會供奉像是這樣年輕又尊貴的神明，而且通常會有一名與祂關係密切的婦人隨侍在側。就這點來看，十一月二十三日夜晚大師講習俗中的老婦人，儘管後來多被傳為家境貧賤，我想她從前應該是神明的母親或姨母，總之她與大子的關係肯定比一般村民更為親密。

這樣的變化在傳說中並不罕見，許多神社與祠堂也會供奉老婆婆木像作為主神的護法。也有一些傳說，例如關的姥神，則是在水井上

12 太子的日文發音。

13 權現乃日本神明的神號，是佛菩薩度眾時所示現的化身。

或池塘邊，一起供奉兒童與姥姥的靈體。民眾為什麼會把姥神當成兒童守護神來看待呢？如果大子其實就是兒童神，那麼道理就說得通了。姥神一直在守護神明之子，自然也受到民眾的信賴與愛戴。關於這一點，還有兩、三個比較新一點的傳說。

紀州岩出的疱瘡神社，以前是由當地望族大西家主管，護身符等也都是由他們發送出去的。大西家記載的神社緣起中，有這樣一段故事。

某年十一月二十三日夜晚，一個白髮蒼蒼的老婆婆隻身來到這裡，請求借宿一晚。大西家的人說：「我們家很窮，沒有什麼東西可以招待您。」老婆婆說：「我不用吃飯，只要讓我過夜就行了。」就這樣，老婆婆在火爐旁坐了一整夜。黎明時分，老婆婆向大西家人要了一點水，煮沸後靜靜喝完。離開時，老婆婆對主人說：「我和你們家的祖先有一些緣分，現在你們還是對我這麼好，收留我過一晚，真是太謝謝你們了。為了報答這分恩情，我發願以後只要是大西家的子孫，我都會幫你們減輕疱瘡之苦，保佑你們長命百歲。」主人目送老婆婆離去，見她走到現今神社所在之處時，突然現身成愛染明王的模樣，隨後消失蹤影。

在種痘療法出現之前，疱瘡，也就是天花，無疑為孩童的大敵，因此人們對疱瘡神尤其敬畏。而這個老婆婆似乎就是疱瘡神。

愛染明王原本是主宰愛情之神，但由於稱號中有「愛」字，日本人會特別向祂祈求孩童平安健康長大；也因此祂的形象很年輕，絕不可能化身成老婆婆，推測應是大西家的祖先看錯了。至於為什麼會看錯？可能是因為他們心中早有一個概念，姥神的後方必有兒童神。（和歌山縣那賀郡岩出町備前。《紀伊續風土記》）

伊勢的丹生村自古即是鉛的產地，那裡有一處聞名的礦泉，近年來，有許多罹患各種疾病的患者前來沐浴尋求療效，但在更早以前，只有當地婦女會在生產前後來此沐浴淨身，祈求新生兒平安，因此這處泉水稱為子安之井，傳說也是弘法大師加持過的泉水。

戰國時代，這片土地殘敗不堪，半數水井遭到掩埋，久而久之，人們逐漸忘卻這則傳說，甚至有附近的農家將這處泉水當成日常飲用水。不過，後來傳出飲水的人大多生病，甚至有人因此一命嗚呼，於是居民嚇得求籤請示神明的旨意。

其實，這處泉水含鉛，很可能是鉛對飲用者造成傷害，但古人不這麼認為。求籤的結果，神明指示子安之井是專為產前產後的婦女而設，目的在保佑她們平安育子，因此必須迅速清淤，保持井水清淨。後來，傳聞取用這處井水作為日常飲用水的人都遭到了報應。（三重縣多氣郡丹生村。《丹洞夜話》）

東京附近也有一座子安池，相關的傳說與立杖湧泉相似。這座水池位於板橋町西北方下新倉的妙典寺旁邊，據說從前日蓮上人行腳到這裡時，大名墨田五郎時光的夫人正因難產受苦。日蓮上人拿起一根柳枝為夫人加持，祈求順產，剎時，地面湧出清澈的泉水。上人請人取泉水讓夫人漱口，並讓夫人戴上平安符後，夫人終於順利產下健壯的男嬰。水池旁那棵古老的柳樹，相傳就是日蓮上人當時將柳枝插入地面而生長出來的。（埼玉縣北足立郡白子町下新倉。《新篇武藏風土記稿》）

一如子安池畔的柳樹般，傳說也是不斷成長茁壯。雖然東京是近四百年才打造出來的都市，曾幾何時弘法大師也來過這裡。上野公園後面的谷中清水町，有間清水稻荷神社，據說原本神社旁有一座知名的清泉。在清泉尚未湧出之前，一個老母親頭上頂著木桶，從遠處取水經過這裡時，遇見了大師。大師向她要了一些水喝，並且關心地說：

「您年紀大了，還要每天這樣取水，一定很辛苦吧。」不料老母親說：「還不止如此呀！我還有一個獨生子，但他長年病懨懨的，實在叫人擔心。」

於是大師思考片刻，手持金鋼杵敲打地面後，開始冒出清泉。這口泉水美味如甘露，夏天冰涼，冬天溫暖，無論多麼酷暑都永不乾涸。雖然不知老母親的兒子得了什麼病，但用這裡的泉水洗過後，居然很快就完全康復了。從此，越來越多人前來取水，人們傳說只要用這裡的水清洗，任何疾病都能痊癒。於是稻荷神社開始供奉弘法大師，香火鼎盛，附近的商家也越開越多了。（東京市下谷區清水町。《江戶名所記》）

野州足利的養源寺山下有一口很小的水池，直徑只有三尺左右，相傳這裡也是弘法大師的加持水，虔誠的信眾會取水飲用。從前從前，有個婦人因為奶水不足，抱著嬰兒陷入絕望之際，遇見了一位素未謀面的旅僧。旅僧聽聞她的故事後，為她祈禱了一會兒，然後用手中的竹杖戳了一下地面，泉水便從地下湧出。旅僧告訴婦人，這裡的水可以自己喝，也可以當成母乳哺餵，嬰兒一定能健康長大。後來養源寺的人開始傳說那位旅僧就是弘法大師。（栃木縣足利郡三和村板倉。《鄉

土研究》第二篇）

當地方的古老傳說與聽者的想法有所出入，故事就會像這樣越來越棘手，例如有人認為「だいし」是「大師」，是德高望重的高僧，就會有另一些人持不同意見，認為「だいし」是「大子」，並安排一個可愛的孩子在姥姥身邊，這些故事不乏令人寒毛直豎的情節，我就不細述了。

日本常有的產女幽魂傳說，原本只是路邊受民眾祭拜的母子神。即使嬰兒模樣柔弱，依然是神明之子而擁有不可思議的神力，例如，如果有人在路上遇見一名母親說：「幫我抱一下孩子，幫我抱一下孩子！」路人抱上一會兒，就會覺得嬰兒越來越重，但只要繼續忍耐抱好，就能獲得金銀財寶或是成為大力士。

後來，這類故事演變成有人遇難，巧遇行經至此的某位大師相救，產女則變成一般的幽靈了。不過，幽靈帶著小孩的情節不合理，還能賜福給人更是荒誕了，其中必然還有其他因素。

有些地方則有夜啼松、夜啼石的傳說，每到午夜時分，橋邊或斜坡口會傳出嬰兒的啼哭聲。不過，並非人人都聞聲喪膽，有些人反而認為這是村莊裡即將有新生兒誕生的預兆。

另有一則傳說是一個婦人為嬰兒夜啼不止而苦惱，於是抱著嬰兒來到松樹下時，巧遇一名行腳僧走過，就請僧人幫忙抱一下孩子。僧人以松樹枝點火，嬰兒見到火光便停止哭泣。從那時候起，民眾就在這棵松樹下祭拜神靈，而那些有嬰兒夜啼困擾的家庭，也會摘下一根小松樹枝，點燃充當燈火。

九州宇佐八幡附近，人們不稱這位僧侶為弘法大師，而是稱為人聞菩薩。有人認為人聞菩薩其實是八幡大菩薩的化身，以此形象於村落之間出巡。但我認為不太可能有僧侶取這麼奇怪的名字，關於這尊神明的信仰，我們推測「人聞」（ninmon）應該是從古語「人母」（ninbo）——人們的母親——一詞演變過來的吧。

關東地區至今仍有許多地方供奉子安母子神，這是一尊高貴端莊的婦女抱著孩子的石像。在日文中，「姥」的發音為「おば」（oba），原本只是用來稱呼女性，後來稱父母親的妹妹為「叔母」，乃至在鄉下地方，即使父母的妹妹尚未長大成人，也都一律稱為「叔母」，發音也是「おば」。由於人們認為傳說中的婦女都是老嫗，結果就出現像三途河的老婆婆那樣面目猙獰的石像了。

佛教傳入日本之前，子安姥神，或稱子安娘娘，一直是供奉在清泉旁邊。而即使在弘法大師離世一千年後，依然有新的清泉不斷湧現，於是「大師之井」、「御大師水」的傳說也就隨之流傳四方了。這麼說來，那些生前就在日本鄉間巡遊的人，應該是我們的姥神。因此，人們將這位神靈供奉在路邊、山頂上、遼闊的原野盡頭、旅人喜愛取水的泉井旁，甚至為祂取名為「關的姥神」。熱田境川的姥子堂，原本應該也是供奉姥姥與孩童才會取這個名字吧！

人們雖然不記得箱根姥子的古老傳說，但我相信那座溫泉的發現，肯定也有一段故事。各位不妨留意一下，從古至今的日本鄉野奇譚中，總會有許多聰明俊美的孩童與姥姥一起出現。

獨眼魚

接下來就與孩童無關了。在介紹過池塘的傳說後，我們順便來聊一下獨眼魚的故事。為什麼會出現只有一隻眼睛的魚呢？雖然我們還不清楚真正的原因，但這樣的魚通常出現在寺院前的池塘，或是神社旁的清泉處。

其中距離東京最近的就是上高井戶的醫王寺，常有罹患眼疾的人來參拜這裡的藥師佛，他們總會帶一條河魚前來，放入寺前的小池中。據說不久之後，那條魚就會失去一隻眼睛。每逢夏天水量充沛之際，有時可在池塘下游的小溪中捕到獨眼魚，當地人認為這是藥師佛的魚，因此必定把魚帶回這個池塘放生。（東京府豐多摩郡高井戶村上高井戶。《豐多摩郡誌》）

上州曾木的高垣明神社左側有一口澄淨的泉水，旱季不枯竭，雨季也不會混濁，流經一町左右匯入大河。據說，住在其中的鰻魚無一例外僅有一隻眼睛，但牠們進入河中之後，就會恢復成兩隻眼睛。即

使如此，當地信徒也從不吃鰻魚。（群馬縣北甘樂郡富岡町曾木。《山吹日記》）

據傳，甲府市北部的武田家城址護城河中的泥鰍，全都跟武田信玄的家臣山本勘助一樣，只有一隻眼睛。不僅如此，還傳說古府中的望族奧村家是山本勘助的子孫，代代都是獨眼，但真相如何就不清楚了。（山梨縣西山梨郡相川村。《共古日錄》等）

信州有所謂戶隱雲上寺的七大奇蹟，其中之一就是泉水中的魚都是獨眼魚。此外，赤阪瀧明神池中的魚，不是眼睛非常小就是眼睛潰爛瞎掉，據說這是神明為了顯靈給祈求的信眾看才這麼做的。（長野縣小縣郡殿城村。《傳說叢書》）

越後地區也有許多相似的故事。長岡神田町一戶人家北邊的後院有個取名三盃池的池塘，相傳裡面的魚與鱉都只有一隻眼睛，而且吃了會中毒，因此無人捕撈。

古志郡宮內的一王神社東側，街道的對面田地中有個約十坪大小的沼澤，那裡的魚類也都是獨眼魚。相傳，這處沼澤昔日是所謂的加持池，神社舉行春秋大祭時，信徒就是捕撈沼澤中的魚來作為供品。

不過，大約四十年前，沼澤已開發成田地而不復蹤影了。

此外，在北魚沼郡的堀之內町，有個叫做古奈和澤的大水池，居民的生活用水都是取自這裡，據說池中的魚都是獨眼魚，如果捕撈又將牠們殺死，是會招來厄運的；即使把牠們帶回家放進魚缸，牠們當晚就會返回池塘去。不過，當時是禁止殺生的，因此沒人敢這樣做。（新潟縣北魚沼郡堀之內町。《温故之栞》）

青森縣南津輕地區的猿賀神社，池塘中至今仍有獨眼魚，甚至有一首中元節時期的祭典歌舞唱道：「大家都是獨眼魚」。就我所知，這是日本最北端有獨眼魚的池塘，但如果再仔細往北尋找，應該還有許多類似的池塘才對。（青森縣南津輕郡猿賀村。《民族》）

這樣的傳說相當多，我們不可能一一列舉，但可以一起思考魚為什麼會變得只有一隻眼睛呢？其中一個流傳最久的故事是攝津昆陽池中的獨眼鯽魚。這個故事與奈良時代的名僧行基菩薩有關，內容則與弘法大師的立杖湧泉有幾分雷同。

相傳行基菩薩行腳經過昆陽池，有個全身髒兮兮、倒臥路邊就快死掉的病人對他說：「能不能給我一點魚吃？」行基菩薩心生憐憫，即使是茹素僧人，依然前往長洲海濱買魚，並親自烹煮給病人吃。病人要求行基菩薩先吃給他看，行基菩薩勉強吃了一點。結果，那個髒兮兮的乞丐立即示現為藥師如來形象，說道：「我是為了測試上人的德行才假扮病人躺在這裡。」隨後全身放出金色光芒，朝有馬山飛去。行基菩薩為眼前的神蹟驚訝不已，並將剩下的魚肉放回昆陽池，結果，每一片魚肉全都死而復生，變成了現在的獨眼鯽魚。

後來，人們將昆陽池裡的魚敬奉為神，取名為行波明神，虔誠祭拜。這則傳說實在太不真實了，當地人卻深信不疑，既不網撈也不垂釣，並認為吃下這些魚必會染上惡疾，因而保持敬畏。（兵庫縣川邊郡稻野村昆陽。《諸國里人談》等）

另有一說是，行基菩薩三十七歲那年回到了故鄉和泉國[1]，村裡有個年輕人想測試一下法師，便做了一道鯽魚肉絲蘸醬料理，強迫他吃下。行基菩薩吃下後，走到池塘邊嘔吐，結果吐出來的鯽魚肉絲全部復活，在水面上游來游去。據說這些魚群至今仍棲息池中。

人們稱這處池塘為家原寺的放生池，裡面的鯽魚都是獨眼魚。至於為什麼鯽魚肉絲復活後卻變成只有一隻眼睛，這點就無法解釋了。

（大阪府泉北郡八田莊村家原寺。《和泉名所圖會》等）

同樣故事也在播州[2]加古川的教信寺水池中發生過。加古地區有個虔誠的佛教徒叫做教信，因受人強迫而不得不吃魚肉，但他把吃進去的魚肉吐出來後，魚居然復活了，變成池中的一隻獨眼魚。教信寺稱這隻魚為「上人魚」（しょうにんうお〔syouninuo〕），但我認為應該是「精進魚」（じょうじんうお〔zyouzinuo〕）[3]的訛傳才對。此外，這座水池據說是教信挖的，那麼，比起行基菩薩的昆陽池，這則傳說的內容就更接近前面介紹過的大師水了。（兵庫縣加古郡加古川町。《播磨鑑》）

關於正常的魚為什麼會變成獨眼魚的傳說還有很多，例如，下野[4]上三川城址的護城河中，每一條魚就都是獨眼魚，相傳慶長二年[5]五月該城遭敵人攻陷時，城主今泉但馬守的美麗女兒以匕首刺入眼睛後跳河自盡。基於這段所謂的「因緣」，至今護城河中的魚群都只有一隻眼睛。儘管從前人們常常談起，但這段因緣究竟有何含義，依然令人費解。（栃木縣河內郡上三川町。《鄉土光華號》）

另一個例子是發生在福島市附近的矢野目村，一個叫做獨眼清水的水池。平安時代後期的武將鎌倉權五郎景政在戰場上眼睛受傷，來

1 舊時日本的行政區，約位於現今的大阪府大和川以南。

2 即播磨國，舊時日本的行政區，約位於現今的兵庫縣西南部。

3 日本僧人遵循戒律不使用肉類、五辛的餐食，稱作精進料理。得名自八正道中的正精進。

4 舊時日本的行政區，約位於現今的栃木縣。

5 西元一五九七年。

到這個池子清洗傷口，傷口上的污血流入池中，池中小魚的左眼便全瞎了，因此得名。（福島縣信夫郡余目村南矢野目。《信達一統志》）

鎌倉權五郎是八幡太郎義家的家臣，十六歲那年赴奧州征戰，不幸一隻眼睛遭敵人射傷，但他十分勇猛，在拔下眼睛上的箭矢之前，先回射對方一箭，成功打倒敵人。

不過，後來出現許多鎌倉權五郎洗傷口的水池，而且池中的每一條魚都是獨眼魚，這就太離奇了。另一個故事是發生在羽後金澤町的河流中，傳言鎌倉權五郎死後，靈魂變成河中的一條獨眼魚。由於有人推測這裡是平安時代後期，後三年之役戰場金澤柵的所在地，因此有人對這樣的傳言信以為真。但鎌倉權五郎其實相當長壽，不可能在當時命喪於此。（秋田縣仙北郡金澤町。《黑甜瑣語》）

接著是山形縣最上的山寺，山腳下有個景政堂，據說那裡是鳥海柵的遺址。景政堂附近有一座水池，傳說鎌倉權五郎就是在這裡清洗眼傷，而這裡也同樣住著獨眼魚。雖然不清楚為何會有這座祠堂，但附近的村民說，要是田地遭到害蟲入侵，只要在這座祠堂裡敲鐘擊鼓，害蟲就會立刻消失。（山形縣東村山郡山寺村。《行腳隨筆》）

同樣，在莊內平田的矢流川部落，有一座古老的八幡神社，據說鎌倉權五郎也曾在這條河邊洗過眼睛，於是河中的魚都是獨眼魚。（山形縣飽海郡東平田村北澤。《莊內可成談》等）

就這樣，一路到福島縣獨眼清水的途中，到處都有洗眼睛的河流或水池，但令人吃驚的是，居然有一傳說是鎌倉權五郎來到老遠在信州南部的一個村莊，同樣在那裡洗了眼睛。這個故事發生在信州飯田附近的上鄉村，村中有一座雲彩寺，寺裡庭院有棵大杉樹，樹下有一口湧泉，湧泉裡的蠑螈全都瞎了左眼。人們稱這口湧泉為怨念池，雖不知有何怨念，但據說鎌倉權五郎曾在這間寺院住過一段時間。（長野縣下伊那郡上鄉村。《傳說的下伊那》）

接下來這則故事應是有所誤會，但總之是有這樣的傳說。

作州[6]美野村有座古老的白壁池，即使炎炎酷暑也從不乾涸，十分神奇，而且裡面住著一隻獨眼鰻。據傳很久以前，有個馬伕拉著馬，馬背上馱著茶臼，行經池塘旁的堤岸時，馬伕不幸落水溺死。由於馬伕只有一隻眼睛，溺死後就變成了一隻獨眼鰻。至今，人們都說，只要在下雨天仔細聆聽，能聽見池底傳來磨茶臼的聲音。（岡山縣勝田郡

6 即美作國。舊時日本的行政區，約位於現今的岡山縣東北部。

吉野村美野。《東作誌》）

越後青柳村有一座青柳池，相當有名，傳說池神是一條大蛇，經常化身為美麗的女子外出購物，或者前去村裡的寺院聽人說法。由於池塘就在市街旁邊，從遠方來此的人們都知道這個故事，也就日漸形成傳說。

傳說中，安塚城的杢太城主曾到市街遊玩，對美麗的池主一見鍾情，就這樣跟著她進入池中，再也沒有回來。由於杢太城主只有一隻眼睛，因此池中的魚類也算是獨眼魚，只有一隻眼睛有視力。（新潟縣中頸城郡櫛池村青柳。《越後國式內神社案內》）

這個池主大蛇只住在水中，完全不同於一般的蛇，十分可怕。不過，究竟有沒有這樣的大蛇，如今已無法確認了。為這則傳說繪圖的人當然沒見過大蛇，只能憑想像畫出一條巨大的蛇，久而久之，那般形象便深植人心。人們視這條住在水底的大蛇為所有魚類之王，統治整座池塘。此外，人們更想像杢太城主入贅池主後也變成了一條大蛇，所有魚類都是城主的族人，因此逐漸受其影響而變成獨眼魚。

靜岡市北部山間有一座鯨池，傳說池主是一條長九尺的青龍，也有人說是一頭獨眼的大斑點牛，這是因為牠會變身，可以幻化成千姿百態。從前從前，水見色村富翁杉橋家的獨生女被高山的池主拐騙，差點把她帶到水底去。富翁非常生氣，指揮數百名男丁往池裡投下炙燒的火石，池主一隻眼睛被灼傷，倉慌逃到鯨池，從此以後，鯨池裡的魚受到無妄之災，全都剩下一隻眼睛了。（靜岡縣安倍郡賤機村。《安倍郡誌》）

還有另一種說法是，這個池主引誘了領主的愛馬，於是領主找來很多打鐵匠，將鐵熔化後倒入池中。無論哪種說法都是傷害了池主的一隻眼睛，進而使得池中魚群變成獨眼魚，十分離奇。

話說回來，這類傳說時有所聞，以下這則故事同樣發生在安倍郡。該郡玉川村的長光寺前有座水池，池主也是一條大蛇，大蛇抓走了村裡的孩子，於是村民憤而朝水池投擲許多石塊，石塊擊中大蛇的一隻眼睛，從那時候起，池中的魚群全都變成了獨眼魚。

獨眼蛇的傳說似乎各地都有。例如，佐渡[7]金北山的一處山谷，傳說順德天皇蒞臨佐渡島時，在這處山路上看見一條蛇。天皇喃喃自語：「原來在這樣的鄉下，蛇都是有兩隻眼睛的啊！」或許是出於對這句話

7 舊時日本的行政區，位於現今的佐渡島。

的敬畏，從此山谷裡的蛇都只剩下一隻眼睛了，而且御蛇河內這個地名便沿用至今。

加賀[8]白山腳下的大杉谷村有個赤瀨部落，據說這裡連小蛇都只有一隻眼睛，原因是岩屋觀音堂前的河流中原本有個安永潭，潭主是一條獨眼大蛇。從前，赤瀨部落住著一個名叫安女的女子，長相醜陋又只有一隻眼睛，被男人拋棄後便懷恨在心，跳進這個水潭成為潭主。有時她會到河流下游來，那時必定天氣惡劣，引發洪水，因此人們都很害怕。安女的家族原本是小松町本蓮寺的信徒，直到今天，每逢本蓮寺舉辦報恩法會，她仍會悄悄隱身信徒中聽聞佛法。即使嚴冬大雪紛飛之際，這天必然流水潺潺，有時則是風雨加交，人們便會說：「看吧，赤瀨的安女要來了。」（石川縣能美郡大杉谷村赤瀨。《三州奇談》等）

獨眼醜女也好，被丈夫拋棄而仇恨也好，應該都是源自古老的傳說，而且這類傳說相當多，各地皆有，京都也不例外。

離京都不遠的宇治村有座寺院，一名家住附近的男子來這裡賣芋頭，正當他要走進大門時，看到一條獨眼蛇爬過來，筆直地朝著方丈的方向前進。男子嚇壞了，丟下芋頭擔子連忙跑回家休息。沒多久，有人告訴他，臥病在床的寺院住持剛剛往生了。據說這位住持曾經拋棄一名只有一隻眼睛的尼姑，事後悄悄來到這裡躲藏，最終依然被尼姑的靈魂找到而難逃死劫。(《閑田耕筆》)

另一則故事的內容是，一個無親無故的老和尚去世後，開始出現一條獨眼蛇盤踞在寺院後面的松樹下不肯離去。有人覺得這事太奇怪了，於是挖開樹底，發現裡面埋著許多金幣。原來是老和尚放不下金幣，死後化成蛇繼續看守著，剛好老和尚也只有一隻眼睛。

總之，這類傳說如出一轍，到哪裡都適用。有些傳說來自遙遠的地方，人們信以為真，並逐漸加油添醋，或是與後來的傳說相結合，豐富了我們的鄉野歷史。

人死後變成蛇，或是像金澤的鎌倉權五郎那樣靈魂變成魚，實在不可置信，但因為這兩種故事都是失去左眼，因此還是有人認為搞不好是真的。不過，這類故事中失去的未必都是眼睛，而且也未必只有神社水池中的鯉魚、鯽魚或鰻魚是獨眼魚。也許人們對於應該有一雙眼睛的生物卻只剩下一隻眼睛，感到恐懼或是稀奇，因此流傳起了獨

8 舊時日本的行政區，約位於現今的石川縣南部。

眼魚與獨眼蛇的故事，許多民間故事是後來穿鑿附會的吧！這正是現在我們研究者所面對的問題。

歷史上不乏伊達政宗這樣被稱為「獨眼龍」的偉人，而在傳說中，獨眼之人通常備受尊敬。例如前面提過的山本勘助，就被譽為是武田家最聰明的智者，他不但只有一隻眼睛，而且還瘸了一條腿。至於鎌倉權五郎景政，歷史記載他年輕時因戰鬥傷了一隻眼，但除此之外別無功蹟，人們卻很快在鎌倉建立了御靈神社來祭拜他。九州各地的八幡神社也都供奉著他的靈體。

奥羽[9]許多村莊的池塘，都有鎌倉權五郎曾在那裡清洗眼傷的傳言，應該就是因為他的眼睛中箭而贏得景仰。這麼說來，刻意強調獨眼魚而與其他普通魚做出區別，或許也是基於某種類似的原因，而女子的怨念，或者池主的怨念，不也跟池畔的子安神之後添加上「姥姥沒路用」的傳說般，都是後來與幾個民間故事結合而成的吧。

換句話說，從前我們的神明偏愛獨眼，相較於擁有兩隻眼睛的生物，獨眼生物更能夠親近神明，進而侍奉神明，因此獨眼魚被視為神之魚就不難理解了。供奉神明的魚，不能自河裡或湖裡捕撈起來就立即上供，這樣是對神不敬的，人們會先把魚放在神社的清池中放養一段時間；又為了與一般的魚做出區別，因此先挖掉一隻眼睛。

我不知道現在神社舉辦祭典還會不會做出如此粗暴的行徑，但不能吃獨眼魚、吃獨眼魚會遭天譴等，是自古以來的習俗，而且還有各種加油添醋的版本。例如，近江琵琶湖南邊的磯崎神社，每年四月八日祭典的前一天，信徒會撒網捕捉兩條鯽魚，一條供奉神明，另一條則會刮掉其中一側的魚鱗再放回湖中；第二年的四月七日信徒撒網捕獲的兩條魚中，必有一條是這條鯽魚。我很懷疑這則傳說的真實性，總之信徒就是為魚做記號，然後放養一年直到下一次祭典。

此外，也有天狗大人喜歡魚眼睛的傳說。在遠州海邊附近的平地，據說夏夜時分，水田上會出現高高低低飛舞的火光，人們稱之為天狗的夜燈，表示天狗大人出來抓泥鰍了。這段時間，溝渠與小溪裡的泥鰍很多都是沒有眼睛的，因為天狗大人只會挖走牠們的眼珠。

類似的故事也在沖繩各島與奄美大島的村子裡出現。沖繩有一尊名為木精的山神，自從祂和人類成為好朋友後，就愛找人一起出海捕魚。據說與木精神同行，收穫特別豐富，而且祂只會取走魚的眼睛，

9 舊時日本行政區陸奧國和出羽國的合稱，位於現今的東北地方。

其他部分全部留下，因此漁民都賺到了。

另外一則傳說來自宮城縣的漁民，據傳在金華山附近捕獲的鰹魚，左眼必定較小或是受損。漁民認為這是因為鰹魚從南方望著金華山神社的燈火而一路游過來，這種現象代表鰹魚在朝拜金華山。當然，並非金華山附近的鰹魚都符合這則傳說，但人們會這麼認為，表示有人知道神明喜歡獨眼魚。

甚至也有人們在神社祭典之日將魚的眼睛戳瞎，讓牠們變成獨眼魚的故事。

傳說日向[10]都萬神社的池塘與花玉川流域有獨眼鯽魚。很久很久以前，木花開耶姬神到這座池塘邊遊玩時，玉珠結繩掉進池中，刺穿了鯽魚的眼睛，從此就出現獨眼鯽魚了。這間神社的鯽魚仍然唸成鯽魚，但寫法卻是寫成「玉紐落」，後來人們將鯽魚看做是神明的親戚，也是出於這個緣故。（宮崎縣兒湯郡下穗北村妻。《笠狹大略記》）

加賀橫山的賀茂神社也有類似的故事。很久很久以前，神社還沒遷移過來時，神明曾經化身為鯽魚在御手洗川玩耍，突然一陣風吹來，岸邊的桃子掉落，正好打在鯽魚的眼睛上。結果發生了不可思議的事，神明託夢諭示，要信徒將神社遷移到目前的所在地。

雖說神明化身鯽魚的內容太怪誕，但古代人們相信供奉的魚隨後會變成神體的一部分，因此在上供之前即懷著崇敬之心，這也是人們敬畏獨眼魚而不敢食用的原因。（石川縣河北郡高松村橫山。《明治神社誌料》）

要供奉神明的魚先在池中放養一段時間，這樣的魚過去稱為牲醴，據說神明會日漸生起憐愛之情而不再喜歡吃魚，這些獨眼魚就能一直在神社的池中悠游。將魚變成獨眼的習俗，推測後來還持續了很長一段時間。

在神社附近的山川岸邊，常能見到特別平坦的岩石，人們稱之為俎岩，據說就是當成砧板，在上面調理供品。備後[11]有座名為魚池的水池，池邊有一塊大石頭，稱為魚石。據說這座水池中的魚全都只有一隻眼睛；每逢乾旱，村民就會來此舉行祈雨祭典。（廣島縣世羅郡神田村藏宗。《藝藩通志》）

阿波福村谷的大水池中有一塊巨石，周長約九十尺[12]，露出水面的部分高約十尺，而池中的鯉魚與鯽魚，甚至各種小魚，全都只有一隻

10 舊時日本的行政區，約位於現今的宮崎縣。

11 舊時日本的行政區，約位於現今的廣島縣東半部。

12 約二十七公尺。

眼睛。這塊巨石如今稱為蛇枕，傳說武士月輪兵部大人曾拿弓箭射中一條在巨石上嬉戲的大蛇，射穿牠的左眼，結果武士整個家族全都死光了。那條大蛇的怨念並未因此消退，以致整座水池的魚都變成了獨眼魚。這個故事應該是結合了兩種傳說吧！（德島縣那賀郡富岡町福村。《鄉土研究》第一篇）

大蛇無疑是水池的主人，而獨眼鯉魚、獨眼鯽魚則是祭祀用的牲醴。或許這個故事是結合勇士與水神戰鬥先勝後敗的民間故事再重新編出來的。不過，不只這座水池的池主，許多古老的傳說中也有獨眼神明。我們不明白為什麼會發想出這樣的情節，但至少能確定與挖掉牲醴的眼睛再放養有著密切關係。因此，有些人認為一隻眼睛特別小的人，或是一隻眼睛視力不佳的人，是特別受到神明眷顧的。

各地都有大蛇挖出眼睛給人的故事，其中一則發生在肥前[13]溫泉嶽附近，內容十分悲傷，而且與兒童有關，我們就來看看這個故事吧。

從前從前，溫泉嶽山腳下的村莊裡住著一個獵人。某天，一名年輕貌美的女子來到獵人家，說要嫁他為妻。其實這名女子就是大蛇。女子懷孕即將臨盆，特別交代獵人千萬不可偷看，但這個要求反而讓獵人起疑，一看之下，竟然看到一條可怕的大蛇盤捲著抱起剛出生的小嬰兒。隨後，大蛇變身成女子走出來，說道：「既然被你看見，我就不得不離開了。要是孩子哭泣，就讓他舔這顆珠子吧。」接著挖出自己的右眼後，回到山上的沼澤中。

獵人視這顆珠子如珍寶，但消息傳開後，珠子被城主拿走，孩子餓得號啕大哭也沒有珠子可舔了。獵人無計可施，於是帶著孩子上山，走到沼澤邊哭泣。頃刻間，巨浪翻騰，一條獨眼大蛇出現。聽完獵人訴說原委後，大蛇再把左眼挖了出來。獵人欣喜地帶著珠子回家，安心養育孩子，沒想到後來這顆珠子又被城主奪走。這下完全沒轍了，獵人想投水自盡，於是來到同一處沼澤，這次出現的是一條全盲的大蛇，聽完獵人的遭遇後十分憤怒，說道：「居然做出如此殘忍的事，非遭到報應不可！你們倆趕快逃到某某地方去，你們會在那裡拿到很好的奶水。」催促父子立刻下山。後來發生了可怕的火山爆發，山崩地裂，田地與海洋全被埋沒。這就是盲眼大蛇的復仇。（《筑紫野民譚集》）

遠州有玉鄉也有一則類似的傳說，相傳天龍川大蛇生下的孩子，身上一直帶著兩顆寶珠，長大後成為了了不起的人物。但故事並未提

13 舊時日本的行政區，約位於現今的佐賀縣、長崎縣。

到挖出眼珠的情節。（《遠江國風土記傳》）

無論如何，獨眼是神祕且令人敬畏的象徵。奧州有「獨眼魔」，東京有「獨眼小僧」，人們會想像出臉的正中央有一隻眼睛的妖怪，就是出於這些傳說。早期，人們相信瞎了一眼的獨眼生物，例如獨眼鯽魚，以及能夠射傷對方，使之瞎了一眼的人，都具有神奇的力量而令人敬畏。因此，月輪兵部射中大蛇眼睛的英勇故事，可能是結合了之前的傳說與後來哪個勇士的事蹟而造成的誤會吧！

飛驒[14]萩原町的諏訪神社也有這樣的傳說。大約三百年前，佐藤六左衛門這名勇猛的武士來到金森家成為家臣，奉主人之命在神社地址興建城池，於是決定將神社供奉的神體遷移到鄰村去。

不過，就在遷移之際，神轎變得異常沉重，不動如山，後來又有一條巨大的錦蛇盤踞在神社前，無論如何都不肯離開。佐藤六左衛門見狀氣急敗壞，扯斷了一根梅樹枝使勁打蛇，打中左眼後，錦蛇才瞬間消失蹤影。終於，神轎得以移動，順利完成神社的遷址作業。

只是，城池的建設還未完成，大阪就爆發了戰爭，佐藤六左衛門不幸戰死沙場。村民因此開心地停止築城工事，重新迎回神社。從那時候起，神社附近就經常出現一條獨眼蛇，村民不僅敬奉祂為諏訪大神的使者，而且始終相信這間神社的境內，再也長不出任何梅樹。（岐阜縣益田郡萩原町。《益田郡誌》）

我們無法確認佐藤六左衛門來此之前，錦蛇是否兩隻眼睛都健全，也無法確認神社境內有無其他梅樹；也許錦蛇早就是獨眼，神社原本就只有一棵梅樹，只是村民忘了，誤以為是佐藤六左衛門來了以後才這樣。再說，折斷一根梅枝來打蛇，而且只打傷一隻眼睛，實在不像是佐藤六左衛門這樣性情急躁的勇士會做的事。

話說回來，刺傷神明的眼睛，以致神社長不出植物的傳說，居然非常多，我就再舉五、六個例子吧！

很久很久以前，阿波粟田村的葛城大明神社中，相傳有位尊貴人士將船停靠在海岸邊，準備到神社的池塘釣鯽魚。當他騎上馬正準備要出發，馬腳被藤蔓纏住絆倒，害他落馬，眼睛被桂竹刺傷而疼痛難堪。因此，至今人們都還到這座神社祈求治癒眼疾，四個村落的信徒都認為池塘裡不會有鯽魚，灌木叢中不會長出桂竹，而且馬匹來到這裡必遭報應。（德島縣板野郡北灘村粟田。《粟之落穗》）

14 舊時日本的行政區，約位於現今的岐阜縣北部。

據傳，美濃太田加茂縣主神社的神明討厭芒草葉，連端午節都不包粽子。很久很久以前，加茂大人騎馬出征時，從馬上摔下，眼睛被芒草葉刺傷。因此，當地信徒都忌憚使用這種葉子。（岐阜縣加茂郡太田町。《鄉土研究》第四篇）

這類傳說在信州特別多。小縣郡當鄉村的鎮守神剛來京都時，被黃瓜藤絆倒，眼睛還被胡麻莖刺傷，因此全村至今不種胡麻。要是有人膽敢犯此禁忌，必然罹患眼疾。松本市附近宮淵地區有個勢伊多賀神社，據說當地信徒絕不在家中種植栗樹，要是種下栗樹且長得又高又壯，必會家道中落。這是因為神明在很久以前降臨此地時，被樹枝刺傷了眼睛。

過年期間，人們通常會在門前擺設松樹作為節慶裝飾，但島立村三之宮神社附近的居民沒有這項習俗，因為傳說神明曾被松葉刺傷眼睛。而在橋場稻扱一帶，過年也不擺設門松，而是以柳樹代替。很久很久以前，偉大的占卜師安倍晴明來到稻扱時，不慎被門松刺傷眼睛而吃盡了苦頭；於是他預言，如有哪戶人家繼續擺設門松，必遭祝融之禍。從此，人們便改為擺設柳樹。（長野縣南安曇郡安曇村。《南安曇郡誌》）

小谷四箇莊也有許多部落不種胡麻，據說當地神明曾被胡麻刺傷眼睛；如果有人硬要栽種，就會罹患眼疾，遭受眼睛被戳刺般的劇痛。中土的奉納村則不種山藥與胡頹子。這是因為開闢奉納村的族人祖先曾被山藥的藤蔓絆倒，又被胡頹子刺傷眼睛。（長野縣北安曇郡中土村。《小谷口碑集》）

東上總的小高與東小高兩個部落，從古至今不但不種白蘿蔔，要是碰巧看見路邊野生的白蘿蔔，也會嚇得趕緊祈求神明保佑；其他村莊姓小高的人家也同樣不種白蘿蔔。這也是因為小高明神曾被白蘿蔔絆倒，又被茶樹刺傷眼睛。但話說回來，白蘿蔔有事，茶樹卻沒事，這點倒是滿奇怪的。（千葉縣夷隅郡千町村小高。《南總之俚俗》）

中國地方[15]也有許多類似的傳說。例如伯耆[16]印賀村等地，相傳當地的神明被竹子刺瞎了一隻眼睛，因此信徒至今仍然不種植竹子。如有需求，就會翻山越嶺到出雲[17]去採買。（鳥取縣日野郡印賀村。《鄉土研究》第四篇）

近江笠縫村的天神初次降臨村中的苧麻田時，被苧麻刺痛了眼睛，因此告誡信徒要謹記這個經驗，千萬不可種植苧麻。據說至今無人敢

15 指日本現今的鳥取縣、島根縣、岡山縣、廣島縣、山口縣。

16 舊時日本的行政區，約位於現今的鳥取縣。

17 舊時日本的行政區，約位於現今的島根縣東部。

違背這個命令。（滋賀縣栗太郡笠縫村川原。《北野誌》）

另一則傳說是發生在蒲生郡的川合村，當地領主河井右近太夫在伊勢的楠原作戰，不幸戰死在苧麻田中，因此全村從此不再種植宁麻。（滋賀縣蒲生郡櫻川村川合。《蒲生郡誌》）

接著來到關東地區。下野小中村的居民奉命不得種植黍稷這類作物，因為當地鎮守人丸大明神還是一個凡人的時候，曾經征戰負傷，逃到這座村落時躲進黍稷田中，儘管逃過死劫，卻被黍稷刺傷了一隻眼睛。因此，即使日後升格為神，祂也對這種作物不感興趣。（栃木縣安蘇郡旗川村小中。《安蘇史》）

這地區的各個村落，關於出征被射瞎眼睛的戰士、清洗眼傷的清泉，乃至討厭山鳥羽毛做成的箭等傳說特別多，實在不勝枚舉，我們就此打住吧！接著來聊聊幾則村民與神明打交道後變成獨眼的故事。

福島縣吾妻山腳下的土湯溫泉，水質優良，很像是弘法大師會立杖湧泉的地方，這個村落有座太子堂，供奉著年輕時的太子像。傳說從前村裡有個獵人曾為了追鹿而追到了沼澤深處，突然聽到草叢中傳來一陣聲音：「把我揹走！把我揹走！」獵人尋聲找去，果然找到一尊木雕像。驚訝之餘，獵人立刻把木像揹回村子，但途中被豇豆的藤蔓絆倒，他沒受傷，倒是太子像的一隻眼睛被胡麻稈刺壞了。到現在看木像的眼睛，都會覺得似乎有流血的痕跡。據說從此在這個村落出生的人，都會有一隻眼睛特別細小，但如今狀況為何我就不清楚了。（福島縣信夫郡土湯村。《信達一統誌》）

兩眼大小不一的人並不罕見，但大多數人不會特別在意這點。有些村莊的孩子們說，是因為古時候鎮守大人和鄰村的人互丟石頭打仗，導致眼睛受傷，但大部分地區的村民都已忘記最初的故事版本了。土湯村落是因為保留了太子木像，即使故事內容有錯，人們也都還記得這則傳說。

此外，三河[18]橫山村的地方守護神白鳥六社大人就是一尊獨眼神。因此，這個村的村民似乎獨眼的人相對較多。（愛知縣南設樂郡長篠村橫川。《三州橫山話》）

石城大森村庭渡神社的祭神原本是地藏菩薩，而且是一尊非常高雅的地藏菩薩像，但出於某種原因，其中一隻眼睛被雕塑得比較小。因此村民都說，只要是大森村的人，絕對有一隻眼睛比較小。（福島縣

18 舊時日本的行政區，約位於現今的愛知縣東部。

石城郡大浦村大森。《民族》第一篇）

其他地方也有相似的傳說，但不是全村都獨眼，而是出於某些因素，有一家人世世代代都是獨眼，例如之前介紹過的甲州山本勘助家就是一個例子。另外，丹波[19]獨鈷拋山的觀音菩薩也是獨眼。傳說中，很久很久以前，觀音菩薩化身成了白鴿，飛到山頂的觀音岩上玩耍，結果住在山腳下柿花村一個姓岡村的人，在不知情的狀況下拿出弓箭，不偏不倚地射中白鴿的眼睛。岡村循著血跡一路走到觀音殿，發現血跡延續到殿堂深處才停止而嚇了一大跳。從那時候起，這個家族的後代總會罹患眼疾，有時哥哥拿弓練習射箭，不知為何必會射中弟弟的眼睛，最後只好永遠停止射箭了。（京都府南桑田郡稗田野村柿花。《口丹波口碑集》）

羽後男鹿半島的北浦地區，有一間供奉山王神的神社，據說，神主竹內丹後一家，從初代到第七代，代代都是獨眼。故事是這樣的，這個家族的開宗始祖竹內彌五郎是個射箭高手。當地著名湖泊八郎潟的主人八郎神，每到冬天就會來到戶賀的一目潟居住。竹內彌五郎受一目潟女神之託，前往寒風山的山峰處埋伏，伺機射傷八郎神的一隻眼睛。

接下來的情節出現了幾個不同的版本，有人說八郎神從雲中將箭拋回，射中了竹內彌五郎的眼睛，也有人說八郎神當晚託夢給竹內彌五郎，告知他的家族將連續七代都是獨眼。總之，竹內彌五郎神主的子孫中，一家之主必是獨眼。（秋田縣南秋田郡北浦町。《雄鹿名勝誌》）

此外，人們還流傳竹內神主的家中，竟然還保存著射中八郎神眼睛的箭，並且視為傳家之寶。如果與神明作對，結果遭受懲罰而失去一隻眼睛的故事沒錯，那麼保存這樣的紀念品就太奇怪了。或許，就跟神明喜歡獨眼魚一樣，也喜歡獨眼的神主吧。

野州南高岡村的鹿島神社等地，傳說神主若田家的開宗始祖是第十一代垂仁天皇之子息速別命。這位皇子在關東地區旅行期間，因生病而一隻眼睛失明，結果無法返回京都而留在這個村子定居，隨後建立神主若田家一族。（栃木縣芳賀郡山前村南高岡。《下野神社沿革誌》）

奧州的只野村，是鎌倉權五郎景政在後三年之役立下戰功而獲賜的領地，村中的御靈神社就是供奉這位權五郎大人。而自稱是其後代的多田野家族，世世代代都居住在這裡。據說，由於鎌倉權五郎被射

19 舊時日本的行政區，約位於現今的京都府中部、兵庫縣東北部、大阪府北部。

傷一眼的緣故，在這個村子出生的人，都會有一隻眼睛特別小，也就是俗稱的大小眼。相傳建立日本第一個武家政權的武將平清盛，他的父親平忠盛也曾被人取笑「伊勢平氏大小眼」，看來武士中真有幾人是眼睛一大一小的，不過，有時候他們還以此自豪吶！（福島縣安積郡多田野村。《相生集》）

機織御前

越後深山裡的大木六村，細矢一家向來同時兼任村長及神主之職，是當地歷史十分悠久的望族，而且一家之主世世代代都是大小眼。

從前從前，這個家族的祖先彌右衛門於某個夏日上山打獵，不料迷路而誤闖現今的卷機山。山中樹林繁茂，藥草豐富，直到近年仍有神山之稱，有人甚至出於敬畏而不敢登山。彌右衛門在深山中遇見一名擁有盛世美顏的公主正在織布。正當他看到驚呆之際，公主對他說：「凡人來到這裡，就不可能再出得去了。你很幸運遇見了我，算是與我有緣。我就下山化身成你們村子的鎮守神，永遠接受你們的參拜，所以，你快揹我下山吧，但你千萬不能回頭看！」

彌右衛門遵照指示將公主揹下山，但途中阻擋不了好奇心，脖子往右一扭，偷看了背上的神明，忽然一隻眼睛變小而視力受損。從此，這個家族的男子出生時，必有一隻眼睛特別細小。我很想去看看現在這種情況還存不存在。（新潟縣南魚沼郡中之島村大木六。《越後野志》

與《温故之栞》）

在大木六村，人們稱這尊女神為卷機權現，至今仍奉祂為村落的守護神。不過，各地習俗不同，有些地方不會將守護神迎請到村中，而是直接到神明原本的所在地參拜，而且這樣的村落還不少。這種情況之下，由於每個人前往參拜的時間都不同，使得該傳說慢慢出現不同的版本。

例如人們逐漸忘記山神其實是一尊女神，是帶著孩童的姥神，但故事的主要內容倒是記住了，例如靜謐的山谷水潭會傳出織布聲，從遠處眺望人跡到不了的山峰，會看到一大塊布掛在岩石上等。由於這些都不是男人的活兒，因此人們相信傳說中的主角是山姥或山公主。

特別的是，山姥看似可怕，卻對村民十分友善，遇上迷路的人還會送他們回到村裡，甚至傳出山姥幫人織布的故事。也有人到深山去，很幸運地撿到山姥的紡線，還說那團線怎麼用也用不完。至於山姥撫養孩童的傳說，足柄山的金太郎絕不是唯一。

過去，每個國家[1]的山中似乎都有山姥，但僅有極少數的傳說流傳下來，而且，幾乎沒幾個人知道山姥原本是在水底織布的神明。備後有個村子叫做岡三淵，取這個名字就是因為那裡有個可怕的水潭，而岡三就是大蛇的意思。岡三淵村位於深山中，山下有一塊高達二丈多的巨石，村民稱之為山姥的晒布石，據說有時站在巨石的頂端，會看見一塊白布隨風飄揚。（廣島縣雙三郡作木村岡山淵。《藝藩通志》）

因幡國[2]深山的村莊，也有一些非常誇張的山姥傳說。據說從栗谷的晒布石，到旁邊麻尼的立岩，再到箭溪的動石，這三塊巨石總距離長達二里[3]，是過去山姥晒布之處。而箭溪村西邊有一個小山谷，岩石間總是積滿顏色如同灰汁一樣的水，據說山姥就是在這裡製作灰水，用它來染布。（鳥取縣岩美郡元鹽見村栗谷。《因幡志》）

如果這些故事能讓小孩子聽得哈哈大笑，故事就會越編越扯，甚至出現山崩處是山姥踩踏的足跡，或者是她小便後留下的痕跡等。土佐[4]韮生山中，有些岩石上出現了自然形成的溝渠，人們說那是過去山姥種麥子時留下的土埂痕跡。（高知縣香美郡上韮生村柳瀨。《南路志》）

每到春天，孩童放風箏時，有些地方的孩童會高喊：「山神啊，快點吹風吧！」有些地方則是喊：「山姥啊，快點吹風吧！」如今，孩童仍會呼朋引伴似地呼喚山姥。到了傍晚時分，要是朝山的方向大聲呼

1 律令國家，乃指舊時日本律令制度下的行政區。

2 舊時日本的行政區，約位於現今的鳥取縣東部。

3 一里約為三．九公里。

4 舊時日本的行政區，約位於現今的高知縣。

喊，山那邊也會模仿似地傳出同樣的話語，這種回音就是所謂的木靈，但很多孩童認為那是山姥的惡作劇。木靈也是山神，古代人認為祂是女性。

山姥有點壞心眼，據說祂老是回一些孩子不愛聽、聽了會生氣的話。而人們之所以稱不乖的孩子為「天邪鬼」（あまんじゃく〔amanzyaku〕），就是源於這種回音。前面介紹姥姥池的時候說過，「阿萬」或「阿滿」其實都是姥神。

即使在遠離山區的東京，過去也有人用「阿萬紅」來形容滿天彩霞。當大半天空艷紅成片時，有人開玩笑說，肯定是哪個山裡的女巨人拿紅色染料揮灑出來的。

有關山姥織布的故事，後來又流傳出各種版本。例如，有人說在遠州秋葉山的深山裡，山姥生了三個孩子，待這三個孩子長大，各自成為一座大山的主人後，山姥來到附近的村莊，在河邊織布。秋葉山神社後方有一口深井，原本這裡並沒有清澈的水源，是一千多年前神主向神明祈求才獲贈的。至於這口水井為什麼叫做「機織之井」呢？據說是因為後來山姥從久良支山來到這裡，並且住在井邊，每天虔誠地

為神明織布作衣的關係。附近村莊還有兩、三口水井都有這樣的傳說。（靜岡縣周智郡犬居村領家。《秋葉土產》）

秋葉山的神明就是俗稱的三尺坊大神，至今仍被奉為防火之神，我想這是因為祂原本就是負責控管這口寶貴泉水的緣故吧。山姥與三尺坊大神有著非比尋常的深厚關係，難怪山姥要來這裡為祂織布作衣了。

相州[5]箱根口的風祭村，就是後來移至築地的治咳婆婆石像原本的所在地，附近也有一座大登山秋葉寺，不知從何時起就供奉著三尺坊大神。這間寺院也有一口一夜湧出的清泉，據說水底供奉了兩顆圓球，人們會在這裡舉辦祈雨祭典。三百五十年前，有個老婆婆來到這裡織布，這口井就被稱為「機織之井」。她把織好的布連同五百文錢一起送給寺院後，從此不知去向。這筆錢一直保留在寺裡，成為鎮寺之寶，而布則是在住持往生時穿走了。（神奈川縣足柄下郡大窪村風祭。《相中襍志》）

傳說姥神至今仍在織布，只是我們一般人看不見罷了。在信州松本一帶，當人們生病而去問神、請求指點迷津時，通常會得到水神作

5 即相模國，舊時日本的行政區，約位於現今的神奈川縣。

怪的回答。他們的想像是，水神在水面上用五彩絲線織布玩，不知情的人跳入水中，扯斷或弄髒了那些線，就會惹怒水神，遭受懲罰。因此，有時可以看到人們在小溪邊豎起祭祀道具「御幣」，張貼五彩絲線的祭祀情景。（《鄉土研究》第二篇）

戶隱山麓的裾花川畔，有一塊名為機織石的巨石，旁邊還有名為梭石、筬石等形狀類似織布工具的石頭。據說在即將下雨之前，這些石頭附近會傳出嘎嘎聲，表示神明正在織布，而一旦聽到這種聲音，無論天氣多麼晴朗，很快就會烏雲密布，兩、三天內必會下雨。或許是人們在這裡舉行祈雨儀式的關係吧！（長野縣上水內郡鬼無里村岩下。《信濃奇勝錄》）

木曾的野婦池，也是乾旱時節村民舉行祈雨儀式的水池，據說偶爾會看見山姥在這座水池上織布。這位山姥原本是大原村某個農夫的老婆，因為頭髮倒豎長成尖角，最後離家出走成了山姥。還傳說她將自己常用的柳木拐杖插進池邊後跳進水裡，後來水池周邊柳樹茂盛，就是因為山姥的拐杖冒出新芽，長大成林（長野縣西筑摩郡日義村宮殿。《木曾路名所圖會》）

從水底傳出織布聲的傳說，各地或有些許不同，但仔細研究，會發現各大河川及各大沼澤都有相類似的傳說。例如羽後湯之台的白糸澤，據說水神經常在那裡織布，當夜晚四周安靜下來時，便能聽到織布機的梭子聲從沼澤中傳來。（秋田縣北秋田郡阿仁合町。《雪之飽田根》）

飛驒門和佐川的龍宮淵，從前經常能聽到水底傳出龍宮公主的織布聲。據說自從有人惡作劇把馬鞦扔進水潭後，就再也聽不到那聲音了。神話故事中的「天岩屋戶」也有異曲同工之妙。（岐阜縣益田郡上原村門和佐。《益田郡誌》）

在古代，各地村莊每年都會為神明縫製新衣，舉行更衣祭典。而縫製神衣最忌諱污穢不潔，因此，應該是在遠離人煙的清泉旁建造織布殿，讓年輕少女來負責紡織這塊重要的布料。後來，這項習俗逐漸褪去，人們不再製作神衣了，久而久之，後人便認為古代負責織布的是服侍神明的女神，直到這項習俗終於無人知曉，不知怎地就傳成是龍宮的公主在織布了。換句話說，這裡傳出的織布聲不是來自龍宮，而是古代祭神活動的聲音。

獨眼魚在成為牲醴後便受到信眾的敬畏，同樣地，神衣是敬獻神明的供品，因此普通的織布人絕不能靠近發出織布聲的地方。至今仍有些村落立下規矩，一般女子禁止在農曆五月間織布，違者將受到嚴厲的懲罰。

安藝[6]嚴島等地，或許因為島神是女性的關係，過去禁止在島上設置織布機（《棚守房顯手記》）。而手持織布工具的女子，只要行經池邊就會落水身亡的傳說，也出現在其他許多村莊，應該也是出於這個緣故吧。

若狹吉山的山腳下有個織布池，現在已經完全變成水田了，但據說過去可以聽到水中傳來織布聲。當初這裡還是個大水池的時候，有名女子帶著織布工具走在結冰的池面上，結果冰層破裂，女子落水身亡。機織姬神社就是供奉這名女子的亡靈。不過，我想這則傳說多半有誤，是因為機織姬神社旁有個相當大的水池，才會傳出這麼可怕的故事吧！（福井縣三方郡山東村阪尻。《若狹郡縣誌》）

但還有比這更可怕的故事，就發生在近江的比夜叉池。原本這裡的池水很少，人們進行占卜後得知，如果將一個女子活埋在池底、獻祭給水神，池水就會源源不絕。領主佐佐木秀茂的奶媽比夜叉御前[7]自告奮勇成為活祭品，於是帶著織布工具一起埋進水底。果然，此後永遠池水豐沛，人們便供奉起這位奶媽，尊稱祂為比夜叉女水神。據說在午夜時分經過這個水池，總能聽到水底傳來織布聲。（滋賀縣阪田郡大原村池下。《近江輿地志略》）

奶媽特意帶著織布工具走進池底這點，應該是受到前一則故事的影響才對。比夜叉池這個名字的由來，似乎是因為從前這裡有個非常可怕的池主，而美濃的夜叉池，據說名字是來自某個嫁給大蛇的富家千金。換句話說，這類傳說很容易變成民間故事。人們常把民間故事中最有趣的部分結合在一起。

上總的雄蛇池就是一例。從前，有個婆婆非常討厭年輕的媳婦，總以嫌棄媳婦的織布方式而加以霸凌，最後媳婦受不了便投池自盡，這部分屬於民間故事；此後每逢下雨天，池底必傳來織布聲，這部分則屬於傳說。我認為這個故事應該與池中的雄蛇大有關係。（千葉縣山武郡大和村山口。《南總乃俚俗》）

話說回來，民間故事要是少了傳說的部分，通常不會發展出有趣

6 舊時日本的行政區，約位於現今的廣島縣西部。

7 「御前」為對身分高貴婦女的敬稱。

的情節。舉一個例子好了，土佐地頭分川下游的行川村有一處深潭，潭邊有一塊大岩石，據說很久很久以前，有人爬到這塊岩石的下方，發現潭底有個洞，洞裡有一名美麗的女子在織布。（高知縣土佐郡十六村行川。《土佐州郡志》）

這則傳說早已傳遍全國各地，並發展出不同的版本，大多伴隨著令人毛骨悚然或令人歡喜愉悅的情節。

羽後小安的不動瀑布，過去有個樵夫的柴刀掉入瀑布下的深潭裡，樵夫跳入水中尋找，卻忽然來到一個既明亮又美麗的村莊。村中有座宮殿，裡面有位美麗的女子。她將柴刀交給了樵夫，說：「請你不要再來這裡了，你聽聽這個聲音，這是我丈夫龍神的打呼聲。我是仙台某某老爺的女兒，我被龍神抓來，已經逃不出去了。」在這則故事中，已經沒有女子織布的情節了。（秋田縣雄勝郡小安。《趣味的傳說》）

而我聽過的陸中[8]原台潭的故事，則是富翁千金一人獨自在水底織布，樵夫的柴刀就剛好落在織布機的底座上，富翁千金還請樵夫代為傳話給父母，請他們不要擔心。（岩手縣下閉伊郡小國村。《遠野物語》）

另外，岩代二本松町附近鹽澤村的機織御前故事則稍有不同。很久很久以前，有名男子在河流中清洗鋤頭，一不小心，鋤頭掉入水中。他跳入水中尋找時，結果來到了龍宮。龍宮裡有一位美麗的公主獨自在織布。公主說：「我盼了好久，你終於來了。」並且盛情款待他。到了第三天，男子因為掛念家裡，向公主請求回家一趟，於是公主讓侍女送他一程，他才回到村中。然而，男子以為只過了三天，實際上卻是過了二十五年。後來便建造機織御前神社來紀念此事。關於這類情節還有其他傳說，下次有機會再介紹，先在這裡告一段落。（福島縣安達郡鹽澤村。《相生集》）

許多地方都把機織御前當作紡織業的始祖來祭拜，其中一個例子就是位於能登的能登比神社。傳說這尊神明起初與兄長一起下凡到能登國[9]，製作神衣後，將織布工具投入海中，變成了今日位於富木浦海灣的織具島。當地的織布業者會在紡線上塗稗粟粥，據說這是公主女神傳下來的方法；而且至今每年的四月二十一日，都會煮稗粟粥來祭拜女神。（石川縣鹿島郡能登部村。《明治神社誌料》）

野州的那須是那須絹的發源地，人們在綾織池畔建造綾織神社，起因是很久很久以前，館野富翁為了女兒綾姬，特地迎請綾織大明神

8 舊時日本的行政區，約位於現今的岩手縣。

9 舊時日本的行政區，位於現今的能登半島。

過來。不過，這是現在的歷史故事，在這之前，則有一則驚人的奇談。

這座綾織池在距今二百五十年前遭山崩掩埋後，變得很小，但它原本是個相當有名的大水池。當時，池主化身為一名美麗的女子，前往京城並嫁作人婦，由於她很會織布，家境逐漸富裕，丈夫終於成為家財萬貫的大富翁。有一天，當妻子午睡時，丈夫走進房間一看，竟然看見一隻大蜘蛛在床上。一陣騷動後，蜘蛛妻子留下一首詩歌便倉惶逃去。這首詩歌是這麼寫的：

郎心若繫妾，千里盼相會。
下野那須御手谷，相約綾織池畔見。

丈夫因此尋線追去，兩人終於在池邊的祠堂重逢。這首詩歌成為當地的磨臼歌謠而流傳下來，當然這段故事也成為那須地方的知名傳說。（栃木縣那須郡黑羽町北瀧字御手谷。《下野風土記》）

大家一看就知道，這首詩歌與安倍晴明母親葛葉之狐傳說中的那首歌很類似，但那須傳說的版本並沒有提到小孩。如果歌詞中的「那須御手谷」，是指神社前的御手谷，那麼，祂應該與福島地區的絹絲之神小手姬御前是同一尊神才對，只不過後者有提到小孩。

祭拜小手姬御前最知名的地方，是位於現今飯阪溫泉附近大清水村的機織御前宮。關於祂的傳說很多，內容不盡相同，目前最為人熟悉的版本是這樣的。據傳小手姬御前是羽黑山神蜂子王子的母親，因為思念王子而降臨此地，直到七十歲前，都在各地教導民眾養蠶紡織，最後是跳進大清水村的池塘而死。總之，神社前方左右兩邊的小水池，水質永遠清澈純淨。至今，村民織好絲綢後，會將最後一截布料獻給這座神宮。（福島縣伊達郡飯阪町大清水。《信達二郡村誌》）

我認為小手姬的「小手」，可能指的是婦女的手藝吧！今天，小手川村裡面還有一個布川部落，據說小手姬曾到這個河邊晾晒她親手紡織的布。換句話說，此地的織布姥姥信仰，反而比絲織產業來得更早。果真如此，那麼人們將小手姬視為蜂子王子母親的原因，就有幾分明朗了。推測最初是因為她負責製作王子的衣服，因此與王子一起受到人們的祭拜，後來隨著絲織工業興盛，人們將祂獨立出來祭拜，並尊稱祂為機織御前。

前面提到的岩代二本松的機織御前也有相似的故事，當地人說，領主畠山高國到這裡打獵時，遇到了從天宮下凡人間的織姬，兩人結婚後生下松若丸。松若丸七歲時，母親織姬返回天宮。後來就興建這座神社來祭拜織姬。(《相生集》)

這樣的內容是不是跟那須綾織池的傳說有點像呢?由此可以推測，人們在清泉旁祭拜織布女神，一開始應該是為了每年要獻上新的神衣給年輕的男神。

不論走到哪裡，御姥子神的信仰始終像河畔的柳樹般，為我們指引出一條傳說流傳的脈絡。

御箸成樹

將筷子插入地面後，筷子逐漸成長茁壯，最終長成大樹，這樣的傳說各地都有。

東京向島吾妻神社旁的樟樹就是其中之一。這棵樟樹從距離根部約四尺的地方，樹幹開始一分為二，乍看之下彷彿是兩棵樹。根據神社的傳說，很久很久以前，日本武尊在這裡祭祀夫人弟橘姬時，拿起供品旁的樟木筷子插在地上，說道：「如果天下太平，這兩根筷子也會成長茁壯。」果然，這兩根筷子生根發芽，後來長成一棵枝葉繁茂的大樹。據說直到今天，即將生產的人還會去求取以這棵樟樹枝裁成的方形木塊。很多人相信，用它做成筷子來吃飯就能平安分娩，又說煎煮這棵樟樹的葉子來喝，就能避免傳染病。（《江戶志》、《土俗談語》等）

另外，淺草觀音堂後面的銀杏樹，據說也是古代知名武將源賴朝將筷子插在那裡，後來生根發芽長成的大樹。（《大日本老樹名木誌》。東京市淺草公園）

除此之外，關東地區到處都有源賴朝的筷子樹。

武藏[1]土呂神明社旁的大杉樹，據說是源賴朝的弟弟源義經插下筷子長出來的。源義經前往蝦夷[2]之前，曾在這個村莊稍事休息，一邊欣賞靜謐的見沼風光，一邊用午餐。離開時，他將筷子插進地面，後來就發芽長成如今的大杉樹了。（埼玉縣北足立郡大砂土村。《大日本老樹名木誌》）

武藏入間郡有兩個地方都叫椿峰，其中一處是御國的椿峰，在高四、五尺的丘陵上有兩株古老的山茶樹。據說古代武將新田義貞在此紮營，用餐後將山茶樹枝做成的筷子插在地上，後來就長成大樹了（埼玉縣入間郡山口村。《入間郡誌》）

另一處則是山口北側北野村的椿峰，據說新田義貞次子新田義興用山茶樹枝當筷子，在這裡吃了一頓飯。由於這裡正好位於村落邊界的山中，與前一個椿峰距離非常近，應該可以當成同一則傳說的兩個版本吧！（埼玉縣入間郡小手指村北野。《入間郡誌》）

另一個故事是發生在外秩父的吾野村，子之權現山的登山口有兩棵名為飯森杉的老樹。相傳，知名的子之聖上人第一次攀登此山時，在這裡用完午餐後，將杉木筷子插在地上。這類故事的主角人物經常變換，不變的是都在該處吃午餐，必然有著某種原因吧！（埼玉縣秩父郡吾野村大字南。《老樹名木誌》）

甲州東山梨的小屋鋪村，有一棵日本武尊的御箸杉，位置就在松尾神社裡面的熊野權現祠堂後方。山梨縣有很多日本武尊的遺跡，但都沒有詳細的紀錄。（山梨縣東山梨郡松里村。《甲斐國誌》）

此去相距不遠的等等力村萬福寺，也有兩棵親鸞上人的御箸杉，上人因此而有杉樹和尚之稱。不過，兩百多年前的一場火災，其中一棵被燒毀，剩下的一棵後來也枯死了。傳說親鸞上人在這座寺院停留了一段時間，離開之際，將臨行前那餐飯的筷子插在佛堂的庭園裡，說道：「阿彌陀如來大慈大悲，不但能讓枯木開花，我們凡夫俗子也能獲救，這就是最好的明證。」結果應驗了嗎？才沒幾天，筷子便生根發芽，不知不覺間長成了茂盛的大樹。（山梨縣東山梨郡等等力村。《和漢三才圖會》等）

關東地區東上總布施村的道路旁，也有兩棵需要數人才能環抱的老杉樹，稱為二本杉。相傳源賴朝前往安房時經過這裡，村民前來邀

1 舊時日本的行政區，約位於現今的東京都、埼玉縣全境、神奈川縣橫濱市、川崎市全境。

2 即現今的北海道。

請將軍午餐。為了紀念此事，源賴朝將杉樹枝做成的筷子插在地上。後來筷子生根發芽，長成兩棵大樹。這裡也像新田義貞的椿峰一樣，變成了一個小丘陵。（千葉縣夷隅郡布施村。《房總志料》）

再稍稍往西約四里處，市原郡平藏村也有二本杉，同樣是源賴朝將筷子插入地面的傳說。這類傳說總是跟源賴朝有關，而且都有筷子，實在很特別。（千葉縣市原郡平三村。《房總志料續篇》）

上總地區還有另一種源賴朝飯後將筷子插入地面而生根發芽的傳說，但這回筷子是用芒草莖做成的。時至今日，有些村莊仍會在六月二十七日新箸節當天，摘取芒草當成筷子。（千葉縣長生郡高根本鄉村宮成。《南總之俚俗》）

越後等地則將七月二十七日定為青箸之日，許多村莊會在當天早上，使用以青茅草前端做成的筷子來吃早餐。據說這項習俗，是源於戰國時代大名上杉謙信在川中島之戰時向諏訪明神祈禱，結果贏得勝利，後來每逢諏訪大祭的七月二十七日，村民吃早餐都會使用神明喜歡的青茅草前端當成筷子。（《溫故之栞》第二十卷）

有的傳說則是源賴朝折斷蘆葦來當筷子。在下總地區，距離疊池大約八段步[3]處有個大水池，據說那裡永遠長不出任何蘆葦。原因是昔日源賴朝在池邊用午餐，折斷蘆葦充當筷子，結果不慎被蘆葦刺傷嘴唇，氣得將蘆葦筷子扔進池中，到現在那個水池都長不出蘆葦。（千葉縣君津郡清川村。《上總國誌稿》）

下總印旛郡新橋有個地方叫做葦作，據傳源賴朝的家臣千葉介常胤的筷子在此落地生根，最後成長為一片蘆葦原。千葉介常胤行經此地，午休用餐時折斷蘆葦當成筷子，用完餐就將筷子插入地面，於是生根發芽，越長越茂盛。由於筷子是一雙，因此這裡的蘆葦必然是成雙成對地生長。（千葉縣印旛郡富里村新橋。《印旛郡誌》）

安房洲崎有座寺院名為養老寺，庭園的泉水旁有一片芒草，據稱是源賴朝吃午餐時用的筷子長出來的。但與上一則傳說不同，這裡的芒草每年都只會長出一根莖，因此稱為獨莖芒。通常芒草都是一次長出好幾根莖，因此人們認為其中必有某些特殊的原因。（千葉縣安房郡西岬村。《安房志》）

關於蘆葦筷子、芒草筷子的傳說，我知道的就這些了，其他的則是松樹或杉樹等做成的筷子。

3 「段步」為日本古代的農田面積單位，一段步大約為一千平方公尺。

在東北地區，陸中橫川目有兩株笠松，就長在黑澤尻到橫手的鐵道附近，從火車上可以看得很清楚。據說就像甲州萬福寺的傳說那樣，親鸞上人的弟子信秋為了向當地居民闡示佛法的殊勝，將他吃飯使用的那兩根以松樹枝做成的筷子插入地面，結果長成了大樹。（岩手縣和賀郡橫川目村。《老樹名木誌》）

接著來到越後地區，北蒲原郡分田村的都婆松，也是親鸞上人吃午飯所使用的筷子長成的。據說這棵松樹還曾化身一名女子，自稱松女，前往京都幫忙修建本願寺，因此這棵松樹十分有名。（新潟縣北蒲原郡分田村。《鄉土研究》第一篇）

能登上戶高照寺前面，過去曾有一棵名為能登一本木的大杉樹，據說原本是若狹的傳說人物白比丘尼用午膳時的筷子。相傳這位白比丘尼因為吃了人魚肉而活到八百歲。有一次，白比丘尼罹患眼疾而來到這間寺院，向藥師如來持續祈願一百天，並為了表示虔誠，將杉木做成的筷子插在地上。除了筷子，雲遊四方的白比丘尼也將手杖或山茶樹枝插進地面，如今全都長成大樹了。（石川縣珠洲郡上戶村寺社。《能登國名跡志》等）

加賀白山的山腳下，大道谷的山頂上，也有兩棵名為二本杉的大樹，相傳是奈良時代高僧泰澄大師當年用過的筷子插在地上後長成的。這裡剛好位於越前[4]與加賀的邊界，山的另一頭就是越前的北谷，那一帶也有許多泰澄大師的遺跡。（石川縣能美郡白峰村。《能美郡誌》）

越前丹生郡有一座越知山，是泰澄大師開創的名山之一。相傳泰澄大師曾在山中居住，當食物完全耗盡之際，他將筷子插在地上，日後長成了大樹，至今仍可看到兩棵巨大的檜木。雖然詳細內容不得而知，但我猜想，應該是憑著虔誠信念，終於獲得食物的故事吧！（《鄉土研究》第一篇）

在近江國，當年聖德太子興建百濟寺時曾經祈願：「如果這座寺院能夠永世昌隆，這雙筷子就會成長茁壯，並於春秋彼岸時節[5]綻放花朵。」然後將用餐的筷子插入地面，結果長成兩棵大樹，至今依然挺立。大樹的所在地名為南花澤、北花澤，大樹則名為花木。這兩棵花木基本上屬於楓樹類，但品種十分罕見，而且花朵優美，因此近年來受到極大的關注。

而在美濃三河的山區也能見到巨大的神木，而且通常伴隨著某位

4 舊時日本的行政區，約位於現今的福井縣嶺北地方及敦賀市。

5 以春分或秋分為準，前後三日為期一週的時期，日本人會在這段時間掃墓。

高貴旅人的立箸傳說。（滋賀縣愛知郡東押立村。《近江國輿地誌略》等）

這個地區還有另一棵更為驚人的御箸杉，就位於犬上郡的杉阪。相傳古時天照大神降臨多賀神社時，曾用杉木筷享用午餐，用畢後丟棄，結果筷子在邊境的山區長成一棵枝葉繁茂的巨樹，至今猶在。（滋賀縣犬上郡脇畑村大字杉。《老樹名木誌》）

大阪原本也有一棵聖德太子的御箸之樹。玉造稻荷神社所在地稱為栗岡山或栗山，就是基於這則傳說，而這裡的筷子是用栗樹枝削出來的。據傳聖德太子與當時的軍事望族物部守屋對戰時，曾經祈願：「如果我能取得勝利，這根栗樹枝今晚就會長出枝葉。」之後便將吃飯的筷子插進地面。隔天早上，筷子果然變成一棵茂盛的大樹。當然，這種事一般絕無可能，但人們相信，聖德太子的勝利本來就是靠神奇之力達成的。（《蘆分船》、《明治神社誌料》）

美作大井莊的二柳傳說，至今人們仍然深信不疑，彷彿它才剛發生不久。某個來自出雲國的朝聖者來到這裡的觀音堂參拜，然後在路邊用餐。這名男子因為腳受傷，很擔心自己無法完成接下來的漫長旅程，於是將充當筷子的柳枝插在地上，向觀音菩薩祈求一路平安。就這樣，此後的旅程中，男子的腳傷逐漸康復，順利完成各地的朝聖巡禮。

幾年後的春暮時分，男子再次經過這條河岸，發現當年插在地上的柳枝已經長成了兩棵鬱鬱蔥蔥的柳樹，因此有了二柳這個地名。兩百年前，一場洪水沖掉了柳樹，後人重新栽種，據說也都長成了參天大樹。（岡山縣久米郡大倭村南方中。《作陽誌》）

四國有兩則御箸杉的傳說，但已不再有大人物享用午餐的情節了。其中一則是關於阿波芝村的不動神杉。這兩棵巨木長在離地面二丈高的地方，同時支撐著大約三間大小的方形巨石。據說昔日弘法大師經過這裡，見巨石彷彿就要掉落了，說了句：「這太危險了！」便將兩根杉樹筷子立在那裡。後來，杉樹生根發芽，長成挺拔的大樹。（德島縣海部郡川西村芝。《德島縣老樹名木誌》）

另一則傳說是發生在伊予飯岡村的王至森寺，雖然無從得知是哪位人士的筷子，但杉樹被取名為真名橋杉，「真名橋」的發音「まなばし」（manabasi）與「真魚箸」相同，「真魚箸」是料理用的長筷子。八十多年前，真名橋杉被砍掉之後，村裡自此災厄不斷，人們推測是砍伐杉樹的後果，於是重新種下了現在這棵樹，並且沿用舊名，尊奉為樹

木之神。（愛媛縣新居郡飯岡村。《老樹名木誌》）

九州也有這種類似民間故事的傳說。昔日，肥前的松浦領與伊萬里領在劃分邊界時，松浦的波多三河守與伊萬里的兵部大夫約定，聽見清晨的雞鳴聲便騎馬出發，途中雙方相遇的地點即為領土的分界線。然而當天夜晚，岸嶽[6]的公雞居然夜啼，於是松浦方面的使者提早出發，一路奔馳到隔壁領的白野鉈落，才遇見伊萬里方面的使者。

由於這下領土範圍會偏差過多，伊萬里的使者便請求對方後退至十三塚這個地方，雙方在那片原野下馬，一起飲酒用餐，用的是栗樹做的筷子。後來為了紀念這件事，雙方重回舊地，發現當年插入地面的筷子早已生根發芽，長成枝葉繁盛的栗樹。奇特的是，這些樹每年都只開花不結果。（《松浦昔鑑》）

只要留意這類故事，就會出現許多大家耳熟能詳的人物。過去人們多半信以為真，故事便這樣流傳了下來，而且不論在鄉里、山區、村落的邊境，或是祭祀神明的重要地點，總會有些奇特的樹木沒被砍伐而保留下來。例如近江的花木屬於罕見品種，又例如向島那棵一分為二的樟樹，樹枝與樹幹的形狀皆引人注目，而最普遍的則是留下兩棵同齡同種的樹木並排著。這樣一來，後人就知道此事絕非出於偶然了。

另一方面，祭祀的習慣也有所不同，有些地方會將木籤或樹枝插入泥土裡，有些地方還會削製新的筷子，與神明一起享用祭祀餐點。無論如何，筷子絕不可能長成大樹，但在古代，人們認為只要有神明加持，御箸成樹也不足為奇。當然，一般凡夫俗子不可能辦到，於是人們想像，肯定有最優秀的人物來過，或是發生過非比尋常的大事，才會出現這樣的奇蹟。不過我認為，更早之前，人們應該就在流傳這類古老的故事了。

6 位於佐賀縣東松浦郡的一處地名。

相逢阪

在古代，很多人都認為邊界是由神明欽定的。儘管人們老是為邊界爭吵不休，但神明之間老早就做了約定，通常會以大樹或巨石作為標誌。

據說，大和與伊勢邊境的高見山一帶，是奈良的春日大神與伊勢的大神宮大神[1]協商後確定的。春日大神認為大和的領土太小了，不斷希望能再擴大一點、再擴大一點點。最後決定雙方碰面，以相遇地點作為新的邊界。

於是，春日大神騎著鹿出發。祂想：「伊勢肯定是騎著神馬前來，那麼我得提早出發才不會吃虧！」因此天還沒亮就出發了。果然，春日大神很早就抵達伊勢的領地，在宮前村的神奇山頂與大神宮大神相遇。大神宮大神見狀，喊了一聲：「喔，春日，這也太神奇了！」於是誕生了神奇山頂這個名字。

如果以這個神奇山頂為邊界，伊勢的領土就太小了，因此這回換

1 即天照大神。

成大神宮大神提出要求，用竹葉做一艘小船，讓它隨波逐流，最後停泊之處就定為邊界。當時這裡仍是汪洋一片，水面平靜，竹葉小船根本文風不動。於是，大神宮大神拿了一塊石頭，取名為男石，投入水中，小船就這樣漂呀漂，最後停在現今的舟戶村，水則是流過高見山，並繼續往大和方向流去一小段距離。大神宮大神看到後諭示：「船停泊的地方就叫舟戶，水流到的地方就叫過谷。」因此，伊勢這一邊有了舟戶村，大和那一邊則有了杉谷村[2]，兩地都是承蒙神明賜名的古老村莊。

那塊男石至今仍在神奇山頂，即使走另一條新開的路，仍能大老遠望見。據說，將迎來新生兒的人家，會拿小石頭丟向這塊男石來占卜嬰兒的性別，如果丟中就會生下男嬰。

直到三十年前，男石附近都還有一棵巨大的紅淡比老樹，人們奉為神明敬拜。伊勢的大神宮大神騎著神馬，將當成馬鞭的紅淡比樹枝丟在地上後，枝條就長成大樹了。但也因為這個關係，樹枝全都往下生長。當地人說，這種樹之所以稱為紅淡比，也是因為它有著「逆木」的意思[3]，而這就是樹名的由來。（三重縣飯南郡宮前村。《鄉土研究》第二篇）

大和與熊野[4]的邊界也有類似的傳說。春日大神與熊野的神明約定，也像肥前的松浦人那樣，以相遇地點來劃定邊界。這次春日大神又想：「熊野是騎著烏鴉咻一下飛過來的，我要是動作慢就會輸掉了！」於是趕在天未亮之前就騎著鹿急忙出發了。而熊野的神明太過大意，這時還在家裡睡覺吶！

結果，要是依照約定，連熊野這邊的屋簷下都得劃為大和的領土，熊野的神明當然無法接受，於是強求春日大神讓祂的烏鴉展翅一飛，飛到的地方都歸還給熊野。因此，如今奈良縣的範圍向南擴展，熊野則只剩下小小一塊。這則故事是不是有幾分龜兔賽跑的味道呢？

信州也有一則類似的傳說。信濃的諏訪大神為了劃定邊界，行經安曇郡，就快來到越後的強清水時，越後的彌彥權現才正要出發。於是，彌彥權現向諏訪大神提出請求：「如果將這裡劃為信濃的領土，那麼越後就太小了，我們將邊界往上面移一點吧！」最後雙方同意在白池這個地方劃分界線。

接著，諏訪大神又往西與越中[5]的立山權現、加賀的白山權現會面，就這樣順利劃定了三個地方為邊界。從此每隔七年，諏訪大神都會來

2 日語的「過谷」（すぎたに）（sugitani）與「杉谷」同音。

3 紅淡比樹的日文漢字為「榊」，發音為「さかき」（sakaki），與「逆木」同音。

4 舊時日本的行政區，約位於現今的紀伊半島南端。

5 舊時日本的行政區，約位於現今的富山縣。

到邊界，豎起祂的神器「內鎌」作為標誌。（《信府統記》）

同一則傳說也有接下來的不同版本。昔日制定國界時，諏訪大神騎牛出發，越後大神騎馬出發，兩人約定以途中相逢的地點為國界。越後大神心想：「我騎馬速度快，要是跑太過去就失禮了」，於是等到天亮才悠哉悠哉地出發。而諏訪大神認為自己騎牛速度慢，提早在半夜就趕著出發。結果，諏訪大神很快就抵達越後境內一個叫做塞神的地方，在這裡遇見越後大神的馬。「這下超出太多了！」諏訪大神主動折返一段距離後重新出發，雙方相逢的地點就叫做諏訪之平。（新潟縣西頸城郡根知村。《小谷口碑集》）

從前，似乎有設定兩個地點為國境的習慣，一個較遠、一個較近，這麼做的好處是可以減少紛爭。

豐後[6]與日向邊界的山路上，從山上往下走一點，便會看到雙方做為界標的兩棵大杉樹。靠近豐後領土的那一棵名為日向之木，靠近日向領土的那一棵則名為豐後之木。大約一百年前，豐後之木枯死了，人們砍掉一看，發現粗大的樹幹裡竟然有很多生鏽的箭頭。這棵樹又叫做矢立杉，人們從樹下經過時，會朝這棵樹射箭，這是祭拜國境之神的一種儀式。

而箱根的關山與甲州的笹子峠，原本也都有巨大的矢立杉。信州諏訪大神的神器「內鎌」，應該是以鐵製鎌刀取代箭，再插入神木的樹幹裡。近年來，仍然可以在靠近邊界的大樹幹上看到形狀怪異的老舊鐮刀。由於諏訪地區至今仍會在祭祀時使用這樣子的鐮刀，寫成「薙鎌」，因此諏訪大神的神器「內鎌」，似乎應該寫成「薙鎌」才對。

總之，應該是有這種樹幹上插著鐮刀的神木，才會出現諏訪大神設定國界的傳說，而且隨著口耳相傳不斷出現各種版本。例如有一種說法是，越後大神是諏訪大神的母親，為了打聽兒子的狀況，特地從越後出發，碰巧在國境遇見諏訪大神。得知諏訪大神向鹿島大神、香取大神認輸後，失望之餘就此告別，返回越後。我想，這些內容應該是後人讀過歷史書後編出來的，就像後人也編了一些源賴朝在安房與上總旅行時的種種軼事。

飛驒深山裡的黍生谷村，昔日與河川下游的阿多野鄉常有邊界不明的紛爭，於是雙方村民約定，黍生谷方請出黍生大人，阿多野方請出大西大人，兩人騎牛朝對方前進，相逢的地點就設為兩村的邊界。

6 舊時日本的行政區，約位於現今的大分縣。

結果，兩頭牛在尾瀨洞的橋場上碰面，從此，就在那裡劃定村界。

據說黍生大人與大西大人都是來自木曾的隱居武士，但這個故事，與春日和熊野，或者諏訪和彌彥相遇的傳說如出一轍。（岐阜縣益田郡朝日村。《飛驒國中案內》）

美濃武儀郡的柿野村與山縣郡北山村的邊界有一個叫做谷鹽的地方，據說柿野的土地神與北山的鎮守神曾在那裡共飲惜別酒。離別時，祂們將金盃與金黃色的公雞埋在那裡。至今，每年元旦的早晨，那隻金黃色的公雞都會跑出來啼叫。

兩個地方的居民，在同一天、同一地點祭拜兩地的神明，這種例子隨處可見。想必兩地居民的感情會更加融洽，減少邊界糾紛。在沒有地圖也沒有任何文字記錄的古代，人們藉由這種方式，學會不蠻橫行事，與旁人和睦相處。也因此，村民都十分重視傳說，要是傳說消失或改變，就不會知道該祭祀的原意了。

舉行相逢祭典的神社很多，並非特定的神明才有。在信州，雨宮的山王神與屋代的山王神，雙方神轎會在三月的申日申時，於村界的橋上會合，共同舉行祭典，這座橋稱為濱名橋。而在東京附近，南品川天王與北品川天王的神轎，會在兩處宿場[7]邊界的橋上相遇，並在橋兩側的空地舉行祭祀活動，這樣的橋就稱為相逢橋。

東京灣內幾處海岸上仍有這樣的祭祀活動，但人們早就不記得當初的目的是為了設定邊界。此外，如果其中一方是女神，就有許多人認為當初是在舉辦神明的婚禮吶！

7 具有通勤住宿機能的驛站，相當於現代的公路休息站、服務區。

袖口石

從前，備後下山守村有一個農夫名叫太郎左衛門，信仰十分虔誠，每年都會準時前往安藝的宮島參拜。有一年，他在參拜時對神明說：「我已經老了，這應該是最後一次來參拜了。」搭船返家途中，他發現袖子的口袋裡有一塊小石頭，心想是同船其他乘客的惡作劇，便將石頭丟入海裡，睡覺去了。隔天早上醒來，發現那顆小石頭居然還在袖口中。

太郎左衛門覺得太神奇了，於是將小石頭仔細保管好，帶回村裡，並跟鄰居說起這件事。鄰居都認為這一定是神明恩賜的石頭，必須供起來祭拜才行，於是蓋了一間小祠堂，將石頭供上去，並尊稱為嚴島大明神。

這塊石頭後來漸漸長大，據親眼看見的人說，當時已經長大到高約一尺八寸，周長一尺二、三寸左右。不知如今狀況如何，如果石頭還在，應該相當巨大了吧！（廣島縣蘆品郡宜山村。《藝藩志料》）

信州小野川中，有一塊名為富士石的巨大岩石。據說，這是從前村裡一個農民去爬富士山，從山上撿回來的小石頭。這個農民快回到家時，揮去衣袖上的塵土，結果從袖口掉出一塊小石頭。不知不覺間，小石頭竟然長成如此巨大的岩石。（長野縣下伊那郡智里村。《傳說的下伊那》）

同樣在這個地區，今田村附近的水神神社有一塊名為活石的大岩石。傳說從前有個女子在天龍川的川邊看見一顆美麗的小石頭，於是撿起來放入衣袖。當女子走到神社，覺得袖子很沉重，仔細一看，發現小石頭變大了，而且，石頭上面那道被女子的指甲劃出的小傷口，竟然跟著石頭一起變大。女子見狀嚇得將石頭丟到水神前面。從此，小石頭繼續長大，最終長成這塊巨石。（長野縣下伊那郡龍江村。《傳說的下伊那》）

熊野大井谷村中有一條溪流，溪流的中游處有一塊大圓石，高約二間半[1]，周長約七間[2]，上面長滿了各種草木，人們稱它大井的袖口石，並蓋了一間祠堂加以祭祀。這塊岩石還有另一個名字叫做福島石，但來由已經不可考了。（三重縣南牟婁郡五鄉村。《紀伊國繪風土記》）

伊勢山田的船江町，也有一塊白太夫的袖口石，高約五尺[3]，四周圍起籬笆保護著。相傳這是學問之神菅原道真遭流放到筑紫[4]，隨從度會春彥[5]護送他前往，回程途中於播州的袖浦撿回來的小石子。這顆小石子一年一年長大，最終長成了這塊巨石，於是人們開始在巨石旁祭祀菅公在天之靈，目前那裡還有一間菅原神社。（三重縣宇治山田市船江町。《神都名勝誌》）

土佐的津大村與伊予的目黑村交界的山上，有一塊阿志的袖口石，高度約二間半，周長約五間[6]。相傳這是從前曾我十郎、五郎兄弟的母親從關東逃亡到這裡時，放在袖口一路帶過來的石頭。這個地方有許多神社祭祀弟弟曾我五郎，也有一些地方據說曾經是他們的家臣鬼王與團三郎兄弟倆的住所。曾我兄弟的母親逃亡到此的故事，在這一帶可說耳熟能詳。（高知縣幡多郡津大村。《大海集》）

肥後[7]滑石村的海灣，原本可以清楚看見海底有一塊藍黑色的岩石，人們稱之為滑石，但自從填海造田後已經看不見了。據說這塊石頭是神功皇后帶兵打下朝鮮半島南方三個部落後，於回程中放入衣袖攜回的小石頭，後來長大變成了巨石。（熊本縣玉名郡滑石村。《肥後

1 約四．五公尺。
2 約十二．七公尺。
3 約一．五公尺。
4 舊時日本的行政區，約位於現今的福岡縣。
5 此人滿頭白髮，因此有「白太夫」之稱。
6 約九公尺。
7 舊時日本的行政區，約位於現今的熊本縣。

國志》）

九州海岸有許多神功皇后曾經登陸的地點，還有幾則相關的傳說，像是這樣的紀念袖口石應該各地皆有才對。最古老的知名傳說發生在筑前[8]深江的子負原，這裡有兩顆皇子誕生石，據說也是放在袖口拿回來的小石子，在《萬葉集》與《風土記》問世時，已經長到一尺多[9]，有點重量了。石頭呈鵝卵形狀，相當漂亮，但後來沒人知道它們搬到了哪裡。有人說它們成為當地八幡神社的神體，也有人說它們至今仍在海邊的山上，已經長到三尺多[10]了。（福岡縣糸島郡深江村。《太宰管內志》）

會長大的石頭，通常都是從遠方帶回來的小石子，與一開始就在那裡的普通石頭不同。下總印旛沼附近，太田村有戶姓宮間的人家，在宅邸中蓋了一間石神的祠堂，供奉一塊五尺多高、形狀特殊的奇石。很久很久以前，這戶人家的前任主人前往紀州熊野參拜，有顆小石子跑進了草鞋裡，他取出一看，發現小石子的形狀特殊，十分罕見，於是將石子放入火石袋中帶回家，沒想到，就在回家路上，小石子開始長大了。（千葉縣印旛郡根鄉村。《奇談雜史》）

此外，千葉郡上飯山滿一戶林姓人家，也將一塊會長大的石頭奉為地方神。這塊石頭是主人很久以前去伊勢參拜，途中經過大和時得到的小石頭，因為放在腰包中帶回來，而稱為腰包石。（千葉縣千葉郡二宮村。《奇談雜史》）

土佐黑岩村的石頭也很有名，人們尊稱祂為大石神或寶御伊勢神，虔誠祭拜。相傳這是很久以前有個來自伊勢的人，將小石子放在腰包裡帶過來的，沒想到最後長成需要抬頭仰望的高大岩石。（高知縣高岡郡黑岩村。《南路志》等）

筑後[11]大石村有一間大石神社，供奉著一顆神石，甚至村名就是因為這顆神石而來的。傳說古代大石越前守將這顆石頭放在懷中，從伊勢國帶來這裡，祭拜祂如同祭拜伊勢大神宮的神明般。也有一說是一名老比丘尼將這塊小石頭放在衣袖中帶到這裡，後來石頭越長越大，直到三百年前，這塊石頭已經長成一塊高九尺的三角形巨石。另外還有一顆約三尺高的石頭，村民稱之為伊勢御前，也特別蓋了神社供奉祂。傳言石頭越長越大而容納不下，神社為此已經改建多次了。（福岡縣三豬郡鳥飼村。《校訂筑後志》）

8 舊時日本的行政區，約位於現今的福岡縣西部。

9 約三十公分。

10 約九十公分。

11 舊時日本的行政區，約位於現今的福岡縣南部。

據說很多人到大石村的神社來祈求順產，因為父母都希望孩子能夠如石頭般堅強、健壯，一天一天平安長大。

傳說從熊野帶來的石頭，有些不但會長大，還會生出與母石相似的子石。例如，九州南部種子島熊野浦的熊野權現神石就是如此。

從前，種子島的主人左近將監十分信奉熊野權現大人，特地老遠從當地將一顆小石子放入盒中迎請回來。結果，這顆石頭不斷長大，當高度超過四尺七寸[12]、周長超過一丈三尺[13]時，竟然生出子石，而且子石還一天一天長大，顏色與形狀都跟母石一模一樣。（鹿兒島縣熊毛郡中種子村油久。《三國名勝圖會》）

日本北部鄉下，羽前[14]中島村的熊野神社也傳出類似的故事。大約四百年前，有個村民去熊野朝聖了七次，於是在那智海灘撿了一塊小石頭作紀念。這塊石頭在八十年間不斷長大，大到約一個成人雙手環抱左右。由於形狀太像女人，人們稱祂為姥石。姥石每年還會生出兩千多顆子石，長得都跟雞蛋一樣，人們就取名為太郎石、次郎石、孫石等。沒親眼目睹這些石頭的人，應該會覺得這是天方夜譚，但當地人特地蓋了一間熊野神社來祭拜祂們（山形縣北村山郡宮澤村中島。

《鹽尻》）。土佐也有一則類似的傳說。香美郡山北神社中供奉的神石，據說是從前有個村民遠赴京都的吉田神社參拜，帶回一顆吉田山（又名神樂岡）的石頭，後來竟然越長越大，成為民眾口中的神石。（高知縣香美郡山北村。《土佐海續篇》）

伊勢花岡村的善覺寺，據說用於正殿的基石也是一顆會長大的石頭。這是一個住在隔壁庄部落的人從尾張熱田神社帶來的，他曾是熱田神社的神職人員，後來與此地部落的人家結婚，無法留在熱田而搬到這裡居住。當地目前仍有一些姓越石[15]或熱田的家族。（三重縣飯南郡射和村。《竹葉氏報告》）

肥後島崎石神社的石頭則來自宇佐八幡神社，據說是該神社的神官到津氏從神明面前請過來供奉的，來到這裡以後便逐年變大。（熊本縣飽託郡島崎村。《肥後國志》）

就像這樣，與其說是民眾驚訝於石頭會長大而加以膜拜，更多人認為是民眾相信該石頭尊貴不凡而加以敬拜，石頭才會越來越大。因此，我們有必要說明一下石頭的來歷。

安藝中野村某處田地的中央，有一塊高達二丈[16]的巨大岩石，名為

12 約一．四公尺。
13 約三．九公尺。
14 舊時日本的行政區，約位於現今的山形縣。
15 意為建物的基石。
16 約六公尺。

出雲石。據說這塊石頭還是一顆小石子時，有人從出雲國把祂帶了過來。（廣島縣豐田郡高阪村。《藝藩通志》）

出雲國的飯石神社後面也有一塊巨大的石頭，過去亦曾不斷長大過。有人說石頭長得像是盛得尖尖的飯，有人說它是裝在飯盒裡從天上掉下來的（島根縣飯石郡飯石村。《出雲國式社考》等）。

至於為什麼會知道石頭變大呢？因為人們在石頭四周圍起柵欄，每回重建都必須圍得比之前大一些，不然石頭會放不下。例如，豐前[17]元松村供奉丹波大明神的神社就曾經四度重建，因為神殿不繼續擴大不行。傳說有個來自丹波國的比丘尼，用包巾包著一顆小石頭來到這個村莊，沒多久往生，但那顆小石頭不斷長大，於是人們蓋廟供奉，稱祂為丹波大明神。（《豐前志》）

石見[18]吉賀注連川村也有一塊不斷長大的石頭，稱為牛王石。據說這是有人到四國旅行時，放在懷中帶回來的。（島根縣鹿足郡朝倉村。《吉賀記》）

遠江[19]石神村有一塊富士石，就在通往村子的山路旁，也是因為祂會年年長大而被供奉為石神大神。當地居民可能認為，這是當初有人

從富士山帶回來的小石頭吧！（靜岡縣磐田郡上阿多古村。《遠江國風土記傳》）

在關東地區，秩父小鹿野的一間旅宿裡，有一塊形狀特殊的石頭，呈正方體，邊長約一丈[20]左右，中間有個一尺大小的洞，人們稱它為信濃石。據說把耳朵貼在洞口，能聽見有人說話的聲音。傳說當地一名馬伕前往信州，回程時因為馬的負重不均難以前進，因而拾起一塊小石頭夾在行李中來達到平衡，後來小石頭就長到這麼大了。（埼玉縣秩父郡小鹿野町。《新編武藏風土記稿》）

信州地區則有一塊鎌倉石，就在佐久安養寺的庭院中，最初是從鎌倉帶回來的一塊約掌心大小的石頭，後來逐漸長到四尺多，就被用來當作一口古井的蓋子，沒想到石頭繼續長大，變成一塊一丈多的巨石。據說從縫隙往裡面看，仍稍微可以看出岩石底下古井的形狀。（長野縣北佐久郡三井村。《信濃奇勝錄》）

諸如此類，古代人似乎相信特地從遠方帶回來的小石頭總有相當的因緣，具有不可思議的力量，不過，有些地方讓石頭變大的方法更為簡單。例如在九州的阿蘇等地，人們相信不論帶回多麼小的石頭，

17 舊時日本的行政區，約位於現今的福岡縣東部、大分縣北部。

18 舊時日本的行政區，約位於現今的島根縣西部。

19 舊時日本的行政區，約位於現今的靜岡縣西部。

20 約三公尺。

只要藏在簷廊下或其他地方，它就會變大。因此至今仍有許多家庭不喜歡隨便從外面帶回小石頭。有些地方甚至相信，從河邊帶回紅色的石頭，家裡會發生火災，而有白色紋路的石頭稱為縛親石，帶回家會讓父母生病等。我想這些傳說，是為了告誡孩童等不懂得珍惜石頭的人，不要胡亂模仿人家的祭拜行為。

因此，人們很少帶石頭回家，但有所因緣而帶回來的石頭，多半會出現不可思議的奇蹟。奧州南方的松崎海岸，有人在捕海參的漁網中發現了一塊小石頭，於是把祂奉為石神祭拜，據說石神逐漸變大，成為一塊讓人必須抬頭仰望的石神岩，矗立在村落附近。（青森縣下北郡脇野澤村九艘泊。《真澄遊覽記》）

隱岐島的東鄉村，從前有個居民在海邊釣魚，結果沒半條魚上鉤，倒是釣到一塊拳頭大小的石頭。由於實在太神奇，人們便蓋了一間小神社來供奉這塊石頭，沒想到石頭漸漸長大，七、八年後已經大到撐破了左右的隔板。於是人們又蓋了一間更大的神社，但不知何時又被這塊石頭撐破了，後來才又蓋出一間氣派的大神社。（島根縣周吉郡東鄉村。《隱州視聽合記》）

阿波的伊島也有類似的傳說。有次居民們在拉漁網時，發現網中有一顆鞠球狀的小石頭。人們不以為意地隨手拋棄，不料隔天發現它又跑進了漁網。如此連續三天都撈到了這顆石頭，而且第三天的漁獲量還大豐收，於是人們將這塊石頭供奉為蛭子大明神。此後當地漁業發展更加繁榮興盛，這塊小石頭也在小祠堂中慢慢長大，五、六年間就已大到祠堂容納不下而必須重建，待第三次重建時，才蓋了一間夠寬敞的祠堂。（德島縣那賀郡伊島。《燈下錄》）

這樣的傳說似乎多發生在海岸一帶。鹿兒島灣南端的山川港附近，從前有個農夫在祭典當天去海邊取水，發現取水容器裡有一顆美麗的小石子。農夫重新打了三次水，三次都撈到這顆石子，覺得很特別，於是將它帶了回家，沒想到它竟然一點一點長大。農夫吃驚之餘，蓋了一間神社供奉這顆石頭。據說這就是後來的若宮八幡神社，當初供奉的神體就是這顆小石子。（鹿兒島縣揖宿郡山川村成川。《薩隅日地理纂考》）

如今在沖繩等地，許多村莊的望族所珍藏的石頭，多半是從海裡撈上來的，論外形及顏色，其實並無特殊之處，那麼想必是撈上岸時，發生了不可思議的事情吧！薩摩[21]各地都有石神氏的士族之家，而且都把山田村石神神社的神明當成家族的守護神。該神社的神體是一塊巨大的白色花崗岩，據說是他們的祖先石神重助初到薩摩時在路上撿到的，也有一說是攻打朝鮮時於路上有所感應而帶回來的，無論如何，這則傳說都跟下總宮間氏的那顆石頭一樣，一直跑進草鞋裡，丟了幾次都丟不掉而帶了回來。如今，這塊石頭已經大到無法移動，顯然經過了長時間的成長壯大。（鹿兒島縣薩摩郡永利村山田。《三國名勝圖會》等）

古人相信神明會藉由石頭展現神力，於是，當他們發現某顆石頭很神奇後，就會開始供奉為神；如果不知道神明的名字就簡單地稱為石神。因此，各地石頭神社的名稱各不相同。

備後鹽原石神社的石神，村民認為祂是猿田彥大神。據說這塊石頭也會不斷長大，後來甚至長到長寬都超過一丈。石神通常都在路旁，而猿田彥大神也是守護道路平安的神明，人們自然深信不疑。（廣島縣比婆郡小奴可村鹽原。《藝藩通志》）

常陸大和田村的石神，後來被人們奉為山神。據說這是一塊從地面挖出的石頭，起初很小，可以放入袖口中，後來一點一點緩慢變大，

於是人們把它移到潔淨的地方，從此成長快速，人們便稱祂為主石大明神。（茨城縣鹿島郡巴村大和田。《新編常陸國志》）

原本石頭不會有名字，是因為出現這類事蹟才開始有了稱號。例如，伊勢石、熊野石是因為存在於伊勢神社、熊野神社；同樣地，出雲石、吉田石、富士石、宇佐石等，都是祭拜這些神明的信徒所特別愛護的石頭。人們想必認為鎌倉石也是藉鎌倉八幡大神之力才長大的吧！如果是來歷不明的石頭，人們就會簡單地命名，例如腰包石或袖口石等。

羽後仙北旭之瀑布的不動堂，有一塊每年都會長大的岩石，大小約五尺左右，人們稱祂為成長石，這裡的成長就是長大、變大的意思。（秋田縣仙北郡大川西根村。《月之出羽路》）

備後深山裡的村落，有一塊叫做赤子石的石頭，原本只有三尺高，後來卻長大到一丈四尺[22]。即使變得如此巨大，人們仍稱之為赤子石，表示並未忘記祂的原貌。（廣島縣比婆郡比和村古頃。《藝藩通志》）

飛驒的瀨戶村有一塊原本叫做「海螺岩」的大岩石。有人說是因為祂的形狀像海螺，但地圖上卻標示成「倍岩」[23]，推測是祂的大小已經長大了一倍才開始叫做倍岩的吧！（岐阜縣益田郡中原村瀨戶。《斐太

21 舊時日本的行政區，約位於現今的鹿兒島縣西部。

22 約四．二公尺。

23 「海螺」的日文發音為「ばい」（bai），與「倍」同音。

後風土記》）

播州許多地方都可以找到名為寸倍石的石頭，例如加古郡野口的投擲石[24]，當地人都稱之為寸倍石。這些石頭通常單獨出現在鄉村邊界的樹林中，長約四尺、寬約三尺，形狀如鞠球。據說它們以前都是小石頭，後來才漸漸變大的。其實到處都有這種投擲石，而且個個體積龐大，絕不是人力所能投擲出去的。（兵庫縣加古郡野口村阪元。《播磨鑑》）

大多數的袖口石，當人們注意到的時候都已經長到相當大了，而且一旦聲名大噪，幾乎就不再長大了。例如前面提過的下總的熊野石，從熊野撿回來時，祂就已經在裝打火工具的袋子裡長大了，只是後來大小就沒有明顯的變化。有人說，與二十年相比，大約長大了一寸，也有人說每年大約會長大一粒米的程度，但這都只是人們的看法而已，從來沒有人實際去測量真正的尺寸。

又例如出雲飯石神社的神石，據說起初是供奉在神社裡面，後來容納不下。還有筑後的大石神社，據說原本比現在的規模小多了，就是為了長大的神石而擴建的。

不過這些都是年代久遠的傳說，並沒有人親自去驗證石頭是否真的長大。即使如春筍般快速長大的石頭，也都是在神不知鬼不覺中長大的。更何況，一如日本國歌〈君之代〉中說的，「直至細石成巨巖」也必須經歷千秋萬世才行。換句話說，那是因為住在同一地區的居民，世世代代都認為石頭會長大，才會有如此多人相信這樣的傳說。

24 相傳聖德太子從檀特山上投擲石頭，並獲得石頭落地處範圍內的土地。

互比身高的山峰

也有一些傳說是石頭想要突然長大，結果以失敗收場。例如，常陸石那阪山頂上有顆石頭，每天不斷長高，想要高聳雲霄，因而惹怒了靜明神。大神穿上鐵鞋，將石頭一腳踢飛。結果，石頭碎成兩塊，一塊飛到現在的河原子村，另一塊落到石神村，兩者都被當地居民供奉在祠堂裡。

另有一說是天神下令打雷，將那阪山頂的那塊石頭劈飛後，原處殘留了一些石頭的底部，人們稱之為雷神石。雷神石雖然只有五丈[1]，周長卻遍及整個山頂。不難想像，如果不把石頭劈飛，放任祂繼續長大會有多麼恐怖了。（茨城縣久慈郡阪本村石名阪。《古謠集》等）

陸中小山田村的幡谷神社四周，有無數個石塊，狀似斷裂的大石柱，橫七豎八地倒在地上，人們說，在遠古神話時代，這些石頭不斷長大，想要在一夜之間突破天際，於是被神明一腳踢飛，斷裂成這樣的小石塊了。（岩手縣和賀郡小山田村。《和賀稗貫二郡志》）

1　約十五公尺。

南會津的森戶村有一座名為森戶立岩的大岩石山。據說，從前這座山正準備長大時，同樣來了一尊神明把山頭整個踹掉，然後拿了一塊碎片到這裡倒放著，最後就變成了現在的模樣。隔壁的岩下部落也有一塊這樣子的巨大逆岩，高八丈[2]、周長達四十二丈[3]。（福島縣南會津郡館岩村森戶。《南會津郡案內誌》）

或許古人相信高山與樹木一樣會越長越大吧！有人說，富士山也是古時候從近江國飛來的，原來的地方就變成了琵琶湖。在奧州津輕，人們稱岩木山為津輕富士。傳說從前這座山準備在一夜之間長高時，被某個半夜跑出去的老婆婆撞見，於是山就不再長高了。人們都說，要是沒被人看見，這座山肯定還會更高。

磐城[4]絹谷村的絹谷富士，雖然也號稱富士，但標高只有二百公尺而已，據說這是因為祂剛從地下竄出來時，被某個婦人看見，婦人大喊：「不要再長高了！」於是這座山就停止生長了。當地人說，如果婦人沒有阻止，這座山搞不好會長到天上去。（福島縣岩城郡草野村絹谷。《鄉土研究》第一篇）

駿河的足高山，相傳是來自遠古時代一個叫做諸越的國家，之所以遠渡重洋來到這裡，就是為了與富士山比身高。旅人搭火車經過東海道時，會看見祂恰好位於富士山前方，山麓地帶幅員廣闊，卻沒有山頭。這是因為足柄山的神明認為祂太過囂張，於是大腳一抬把祂踢碎了，足高山便就這麼變矮了。

此外，足高山的碎片散落在海中，日後逐漸聚集於海岸，形成一道有點高度的陸地，就是現在的浮島原。目前這裡有鐵路經過，但據說從前的馬路是越過十里木這個地方，然後從富士山與足高山之間通過，於是旅人經過時，都會一邊比較左右兩座山的身高，一邊談論這個傳說。（靜岡縣駿東郡須山村。《日本鹿子》）

伯耆的大山後面有一座韓山，是座獨立的山峰。據說祂當初是為了與大山比身高而專程從韓國渡海過來，於是叫做韓山。由於祂比大山稍微高一些，大山一氣之下，直接穿著木屐踢掉祂的山頭。因此，韓山至今仍無山頭，而且比大山還要矮了許多。（鳥取縣西伯郡大山村。《鄉土研究》第二篇）

九州阿蘇山的東南方有座奇形怪狀的大山，名叫貓岳。這座山也是老想著跟阿蘇山比比看誰高，惹得阿蘇山很生氣，抄起竹杖朝祂的

2 約二十四公尺。

3 約一百二十六公尺

4 舊時日本的行政區，約位於現今的福島縣沿岸及宮城縣南部。

頭頂一陣猛打，把祂的頭打到凹凸不平，也因此變得這麼矮了。（熊本縣阿蘇郡白水村。《筑紫野民譚集》等）

兩山互比身高的傳說，流傳範圍相當廣，甚至擴及台灣。例如，在台灣的深山中，就有霧頭山與大武山兩兄弟互比身高的傳說，據說是弟弟大武山欺騙了哥哥霧頭山，自己偷偷長大，因此大武山比哥哥霧頭山還要高。（排灣族馬須利德社。《生蕃傳說集》）

遠古時代也有類似的傳說。在近江國，淺井岡與膽吹山互比身高時，淺井岡雖然是膽吹山的姪女，但在一夜之間迅速抽高，想要贏過叔叔。膽吹山的山神多多美彥勃然大怒，揮劍砍斷淺井姬的脖子，腦袋飛到湖中變成了一座島嶼。千年以來，人們都說今天的竹生島就是那時候誕生的。（滋賀縣東淺井郡竹生村。《古風土記逸文考證》）

早在奈良時代的詩歌中，就流傳著大和地區的天香久山與耳成山為了畝傍山而爭鬥的故事。奧州北上川的上游地區也有類似的傳說，至今岩手山與早地峰山仍在交惡之中。搭火車經過時，可以看到兩座山之間有一座名為姬神山的美麗孤山。據說兩山交惡就是為了爭奪姬神山，但也有相反的說法，說是岩手山憎恨姬神山，差遣送山把姬神山送到遠方，但送山沒有完成任務，岩手山一怒之下拔劍砍下了祂的脖子。這就是如今躺在岩手山右側的那座小山。（岩手縣岩手郡瀧澤村。高木敏雄的《日本傳說集》）

日本人這個民族是在漫長的歲月中，陸續從遙遠的國度移居過來的。昔日，曾經聽過這些故事的人，他們的子孫在逐漸忘卻這些故事的時候，不知不覺中又產生了類似的想像，應該不會是故意模仿其他地方的傳說吧！人們在各地村里旅行，放眼望去，常會看到聳立左右兩側的高山似在一較高下，眺望之餘，也就不斷想起這些古老的傳說了。

據說，青森市東邊的東嶽曾經與八甲田山鬥毆，結果被對方砍斷脖子，頭顱噴飛，只剩下身體而已。有人說祂的頭顱飛到遙遠的岩木山上，岩木山的肩部有一個狀似腫瘤的小山，就是東嶽的頭顱。還有傳說津輕平原的土地之所以如此肥沃，就是當時那場鬥毆流血噴濺所致，而且至今岩木山與八甲田山仍然關係惡劣。（青森縣東津輕郡東嶽村。高木敏雄的《日本傳說集》）

古代人認為，出羽[5]的鳥海山原本是日本最高的山，後來因為有人說其實富士山更高，鳥海山因此又氣又惱，坐立難安，祂的頭就飛到

5 舊時日本的行政區，約位於現今的山形縣與秋田縣。

大海遙遠的彼岸，成為今天的飛島。

飛島距離海岸有二十英里之遠，至今島上供奉的神明仍與鳥海山一樣，其中必有深刻的緣由。而除了這則比較奇特的民間故事外，我們已經找不到其他的傳說了。（山形縣飽海郡飛島村。《鄉土研究》第三篇）

可想而知，絕對不會只有山峰才討厭輸的感覺。在日本，隨意批評別人好壞是不道德的行為，但隨著交通越來越發達，很多時候還真是非兩相比較不可，偏偏不論神明或平凡老百姓的想法都很古板，十分介意別人的評價。

阿波海部川的源頭有一座轟隆瀑布，又名王余魚瀑布，而且山中有一座供奉王余魚明神的神社。據說來到這座大瀑布附近，千萬不能提及紀州熊野的那智瀑布。要是談論這座瀑布與那智瀑布哪個比較大，或是想測量這座瀑布的高度，必會遭到神明的懲罰。不難推測，恐怕是這座瀑布比那智瀑布稍微小一點的關係吧！（德島縣海部郡川上村平井。《燈下錄》）

橋梁上會有很多打從遠方來的旅人通過，因此經常能聽到別處橋梁的傳聞，據說橋梁們都很討厭這類話題。人們認為，橋梁之神是一位極為善妒的女神。

例如，甲府附近的國玉大橋，長度原本有一百八十間[6]，是甲斐國最大、最古老的一座橋。過橋時，絕對不可談論猿橋的事，或是唱起〈野宮〉歌謠。據說，如果觸犯這些禁忌，後果不堪設想。即使到了今天，當地人依然嚴格遵守這些規矩。雖然猿橋較小，但其結構之精美在日本實屬罕見，因此國玉大橋不喜歡被拿來相提並論。〈野宮〉則是一首同情女人善妒的歌曲。（山梨縣西山梨郡國里村國玉。《山梨縣町村誌》）

九州南端薩摩開聞岳山麓有座名為池田的美麗火山湖。這座湖與大海之間僅隔一小塊陸地，站在稍高處便可同時眺望大海與湖水。據說池田湖的神明非常厭惡被拿來與大海比較。因此，每當有人在湖水附近談論大海或船隻，就會立刻掀起狂風巨浪，形成極其恐怖的景象。（鹿兒島縣揖宿郡指宿村。《三國名所圖會》）

湖水與池塘的神明多為女性，能夠隱居一隅，不問世間恩怨情仇，過著歲月靜好的日子。山峰則不同，經常被人們從遠處品頭論足，因此免不了爭強鬥勝。

6 約三百二十七公尺。

豐後的由布岳是九州的高山之一，雄偉壯麗，當地人稱為豐後富士。據說，昔日西行法師來到位於山腳下的天間村時，眺望此山吟詩一首：

豐國之由布，高聳如富士。似雲亦似霧，曖昧難辨乎。

剎時山鳴地動，山口不斷噴火。西行法師警覺到詩句可能不妥，趕緊改口：

駿河之富士，高聳如由布。似雲亦似霧，曖昧難辨乎。

於是，火山立刻停止噴發。我想吟詠詩句的人應該不是西行法師，但總之這則故事自古流傳至今。（大分縣速見郡南端村天間。《鄉土研究》第一篇）

或許有人相信這些故事都是真的，即使不是，也會盡量避免在祂們面前談論其他山峰的高度。許多民間故事便是由此而生，甚至被用來施作法術。

例如，從前日向國的人們如果身上長出膿瘡，就會向吐濃峰祭拜，唸誦這樣的祈禱文：

我一直以為你是最高的，但我的膿瘡現在長得比你還要高。你要是不服氣，趕快讓這個膿瘡消退下去吧！

然後每天早上用木杵的前端輕敲膿瘡一、兩次，據說三日內必能痊癒。或許是山神憎恨任何試圖超越祂身高的事物，急著用木杵把對方打趴，才會產生這樣的咒語吧！（宮崎縣兒湯郡都農村。《塵袋》第七集）

山峰之間互比身高的古老傳說，後來成為孩童取樂的故事，內容也就越編越有趣。例如在肥後國，自熊本市向東約三、四里處，有一座飯田山，據說祂與位在熊本市西邊的金峰山經常為了比身高而爭吵。由於老是比不出高下，雙方決定在兩處山頂之間架設水槽，以水流的方向來判定高低。結果，水流向飯田山，證明飯田山比較矮。據說現在山頂上仍有一口水池，就是當時積水之處。飯田山啞口無言，說了句：「從今以後，那件事就別再提了！」「別再提了」（いい出さん）的日文發音為「いいださん」（iidasan），與「飯田山」同音，這就是山名的由來。（熊本縣上益城郡飯野村。高木敏雄的《日本傳說集》）

尾張小富士是位於尾張國北境、入鹿池附近的一座小山，因為形似富士山而備受當地人景仰。傳說中，小富士與鄰近的本宮山比身高，同樣是架設水槽以水流方向決勝負，結果小富士敗北。每年六月一日祭典時，山下的村民都會拖著石頭上山，讓山峰能多少長高一點，討山神歡心。（愛知縣丹羽郡池野村。《日本風俗志》）

加賀的白山也有類似的傳說。據說是白山與富士山互比身高，同樣架設水槽以水流方向來一決勝負。由於白山稍矮一點，水便朝加賀方向流去。白山這邊的人看到情況不妙，趕緊脫下草鞋塞在水槽邊，使雙邊的高度維持平衡。因此，至今登上白山的人，都必須在山頂留下一隻草鞋才能下山。（石川縣能美郡白峰村。《趣味的傳說》）

雖然沒聽說有架設水槽的情節，但越中的立山也曾與白山互比過身高。結果立山只矮了白山一隻草鞋的高度而已，讓祂扼腕不已。從那以後，據說前往立山參拜的人，只要帶著草鞋上山，就會獲得神明的保佑而享受榮華富貴。（富山縣上新川郡。《鄉土研究》第一篇）

越前的飯降山也有與東鄰的荒島山互比身高的傳說。據說飯降山比荒島山矮了半個馬沓的高度。因此，人們相信只要帶著石頭上山，都能實現一個願望，於是每年五月五日登山日，人們必定帶著石頭上山。（福井縣大野郡大野町。《鄉土研究》第一篇）

三河的本宮山與石卷山隔著豐川各據東西，從遠古到今天，一直都在互比身高，而且始終分毫不差。因此，不論爬哪一座山，據說只要帶著石頭上山，都不會感到疲倦，相反地，只要帶著石頭下山，即使只是一顆小石子，參拜的功德不但會被抵消，還會遭到神明的懲罰。換句話說，這兩座山都非常討厭變矮。（愛知縣八名郡石卷村。《趣味的傳說》）

並非所有山峰都是為了比身高而不讓人把石頭帶走，有幾座名山是出於愛惜土石而不願人們隨意帶走。直到今天，很多地方仍有上山時留下草鞋的習俗。白山與立山雖有那樣的民間故事，但也有很多人會認真思考其中的原由。例如，人們認為奧州金華山的神明就很珍惜山上的土石，不願它們沾黏在人們的草鞋上，跟著人們離開這座島嶼，因此，人們來此參拜結束後，必會脫下草鞋丟在島上再搭船離開。（宮城縣牡鹿郡鮎川村。《笈埃隨筆》）

即使像富士山這樣的大山，也不允許人們將山上的土石帶走，因此山腳下有一個供人撢去鞋上土石的地方，從前登山者必須在那裡把穿過的草鞋換掉，而且據說，須走口那些被登山者踩下去的小石子，會在當晚重新回到山上。

伯耆的大山也是，據說山腳下的砂石會在日落時爬回山峰，到了早晨又回到山腳下。對於崇敬山岳並相信高山力量的人來說，這些事或許是理所當然的，但他們仍會盡力避免讓山變矮。例如，上富士山參拜的信徒都會特別小心步伐，不將石頭踩落，也有人會帶著近江國的土石過來，獻給富士山。一如各位所知，相傳富士山是在遠古時代，由近江的土石一夜之間飛過來所形成的，因此，人們仍會帶來祂祖國的土石，一點一點為祂補充分量。

身為日本第一高峰的富士山，過去也曾出現許多競爭對手。人們太愛自己故鄉的山峰了，導致山峰也不得不互相競爭。有一則古老的傳說提到，常陸的筑波山雖然較矮，卻比富士山更善良，原因是這樣的。很久很久以前，眾神之祖御祖神巡遊國土，日暮時分來到富士山尋求住宿一晚，結果富士山表示：「今天是新嘗祭[1]，家裡正在齋戒，無法提供住宿。」而加以拒絕。反之，筑波山則說：「今晚雖是新嘗祭，但沒關係，請您住下來吧！」並且盛情款待。

御祖神十分高興，於是吟誦詩歌，祝福筑波山繁榮興盛、遊客如織、歌舞昇平等。傳說正是因為如此，筑波山春秋蔥鬱，深受男女大眾喜愛，富士山則礙於多雪而登山客稀少，至於食物短缺則是因為新嘗祭前一晚拒絕了重要客人而受到的懲罰。不過，這無疑是喜歡到筑波山遊玩的人們所流傳下來的民間故事。（茨城縣筑波郡。《常陸國風土記》）

1 慶祝豐收的祭典，將當年收穫的穀物和新米供奉給神明，於每年十一月二十三日舉行。

遠古時代似乎有許多富士山與淺間山互相較勁的傳說，很可惜沒有流傳下來。比較奇怪的一點是，富士山供奉的神明，自古以來就被稱為淺間大神。而在富士山的競爭對手筑波山的山頂，不知為何也供奉著淺間大神。此外，伊豆半島南端的雲見御嶽山也有一座淺間神社，據說此山與富士山交惡已久。不知打從何時起，富士山的神明是木花開耶媛，而雲見御嶽山的神明是祂的姊姊磐長媛。磐長媛容貌醜陋，即使身為神明也會心生嫉妒，因此不容許人們在雲見御嶽山上提及富士山。（靜岡縣賀茂郡岩科村雲見。《伊豆志》等）

另外，距離此地大約兩里[2]外的下田町，後面有座名為下田富士的小山，據說山神是駿河富士神的妹妹。妹妹因容貌比姊姊更加秀麗，不願與姊姊面對面而選擇隱居一隅，並在兩山之間豎起天城山當作屏風，因此，從奧伊豆的任何地方都看不到富士山，當地人甚至認為那裡再也不會誕生美女了。我認為這樣的內容應該是後來改編過的吧！（靜岡縣賀茂郡下田町。《鄉土研究》第一篇）

越中舟倉山的神明是姉倉媛，祂原本是能登石動山主神伊須流伎彥的夫人，但後來伊須流伎彥娶了能登杣木山的神明能登媛為妻，因此這兩座山之間開啟了嫉妒之爭。另外，布倉山的布倉媛支持姊倉媛，甲山的加夫刀彥則支持能登媛，於是發展成一場大規模的神之戰，最後由各地的神明一起進行仲裁。另有一說是，每年十月十二日祭典當天，舟倉山與石動山會展開投石大戰，舟倉大神會投擲石礫，因此山腳下的原野都沒有小石頭了。（富山縣上新川郡船崎村舟倉。《肯構泉達錄》等）

相反地，阿波國的岩倉山是一座多岩石的大山，相傳這是因為遠古時代，這裡的大瀧山與高越山之間爆發戰爭，雙方互擲的石塊落在岩倉山所致。至今，大瀧山與高越山依然石頭不多，就是因為雙方都把石頭投擲殆盡。（德島縣美馬郡岩倉村。《美馬郡鄉土誌》）

還有一則更有名的傳說，是關於野州日光山與上州赤城山之間的神之戰。二荒神社的古老文獻中，詳細記載了當時的戰況。

赤城山神化為一隻大蜈蚣，乘雲駕霧進攻日光山，日光山神則化為大蛇迎戰。大蛇不敵蜈蚣，日光山即將敗北之際，一名弓術高超的青年猿丸太夫應神明之請出面相助，最終擊退赤城山神。這場戰鬥的地點稱為戰場之原，戰場上血流成河，最後變成赤沼。

2 約八公里。

任誰聽了都不會相信這則傳說，但古代的日光人似乎深信不疑，直到後世，每年正月四日都會舉行武射祭，由神主登山，朝向赤城山射箭。若箭能射中赤城山神社的大門，當地信徒就會獻上拔箭麻糬，與行拔箭祭典。至於是否確有其事，倒是不知道赤城山方面的說法。（《二荒山神傳》、《日光山名跡志》等）

不過，至少赤城山周遭地區的人們都說赤城山與日光山不合，也知道遠古時代兩山發生過神之戰，赤城山敗北且受了重傷。利根郡的老神溫泉至今仍寫成「老神」，但據說最初是因為赤城山神於戰敗後逃到此地，因此也稱為「追神」[3]。（群馬縣利根郡東村老神。《上野志》）

此外，赤城山神的信徒絕不會參拜日光山。根據日光人的說法，赤城人要是攀登日光山，山上必定狂風暴雨。東京的牛込地區原本是上州人開墾出來的，自古設有赤城神社祭拜赤城山神。當時許多德川家的武士就住在附近，成為赤城山神的信徒。這些人無法前往日光參拜，要是接到任務而不得不前往，必會先向赤城山神秉報原由，於那段時間暫時脫離信徒身分，成為築土八幡或市谷八幡的信徒後再前往日光。（《十方庵遊歷雜記》）

據說奧州津輕岩木山的山神非常討厭丹後國[4]的人，即使他們是在不知情的狀況下來到這裡，也必然遭遇災禍。過去，每當海上出現暴風雨或是連日天氣惡劣，人們就會到旅社或港口船隻上一一盤查，確認是否有丹後國人來到。這是因為岩木山神還是人間一位美麗的公主時，曾在丹後的由良地區遭遇不幸，因此懷恨在心（《東遊雜記》等）。

信州松本深志天神的信徒都會避免與島內村的居民結婚，這是因為天神是菅原道真，而島內村的鎮守宮廟武宮，供奉的是菅原道真的死對頭藤原時平。因此，不僅不能嫁娶，就算來這裡工作也都待不了太久。（長野縣東筑摩郡島內村。《鄉土研究》第二篇）

下野古江村也有供奉藤原時平的神社，而鄰村的黑袴村也有供奉菅原道真的鎮守神社，兩村長年不合，或許就是因為這個緣故吧！傳說兩個村子的男女若是結為夫妻，必定下場悽慘。而且，菅原道真喜愛梅花，因此古江村的人家甚至不在庭院種植梅樹，不在紙拉門與屏風上畫梅花，衣服上也不會出現梅花圖案。（栃木縣安蘇郡犬伏町黑袴。《安蘇史》）

下總酒酒井大和田地區，這一大片土地上原本連一座天滿宮也沒

3 「老神」與「追神」的日文發音皆為「おいがみ」（oigami）。

4 舊時日本的行政區，約位於現今的京都府北部。

有，原因就是這裡的鎮守神社供奉的是藤原時平，而祂是天滿宮主神菅原道真的宿敵。至於為什麼要供奉藤原時平，這點目前還沒找到任何說明。（千葉縣印旛郡酒酒井町。津村正恭的《譚海》）

丹波的黑岡村原本是藤原時平的領地，村裡有他們家的宅邸，後代子孫曾經住在那裡。不知真的假的，據說也不能在這個村子裡祭祀菅原道真，要是有人不巧帶著菅公的畫像來，必會颳起一陣旋風將畫像捲走。（兵庫縣多紀郡城北村。《廣益俗說》弁遺篇）

過去肯定有個原因才讓村民無法供奉天神菅原道真，只是原因為何已不可考。因此，若村裡要蓋神社，他們會認為應該要供奉藤原時平這類生前與菅原道真交惡的人。鳥取市附近也有一個村子不供奉天神，而且那裡有一座古墳，據說是藤原時平的墓。這種地方不可能有他的墓才對，顯然是後人編造出來的。（鳥取縣岩美郡。《遠碧軒記》）

不過，也是有其他神社的神明與天神不和。例如，京都伏見稻荷神就與北野天神不和，據說人們在參拜北野天神當天，絕不能去參拜稻荷神社。原因來自一則現在聽起來十分荒謬的民間故事。

很久很久以前，京都地區有三十尊守護國家的神明，稱為三十番神，每天輪流守護皇宮。有一天，菅原道真的靈魂化作雷電來到皇宮附近大鬧，剛好當天輪值的是稻荷大明神，祂乘雲現身加以阻止，力挫菅原道真的威力。後來菅公被奉為北野天神後，仍對稻荷大明神心懷怨恨。當然，這肯定也是後人杜撰的說法。（《溪嵐拾葉集》、《載恩記》等）

也有天神菅原道真與弘法大師不合的傳說。要是大師的祭典之日下雨，那麼天神的祭典之日必定天晴；如果二十一日是晴天，那麼二十五日必是雨天。這種一分高下的較勁，不僅在京都，在其他鄉下地方也常被提起。

在東京，虎門的金毘羅大神與蠣殼町的水天宮大神也是競爭對手，如果一邊的祭典之日是好天氣，另一邊的祭典之日通常會下雨。哪怕事實並非如此，民眾還是會這麼認定，或許是因為兩間神社相鄰，如果不把對方打趴，就無法自己獨大，才會想出這樣的內容來吧！

因此，古人特別重視地方神，特別是自己故鄉的守護神。即使人們後來離開故鄉，必須大老遠跑一趟才能參拜，依然是各地有各地信仰的神明，不是隨處可拜。而同一尊神明，有的神社香火鼎盛，有的神社門可羅雀，也是信徒之間互相競爭的結果。

在京都，前往鞍馬參拜毘沙門天的路上會經過野中村，那裡也有一間毘沙門堂，原本被人叫做「惜福的毘沙門」。人們認為，前往鞍馬參拜所獲得的福氣，會被毘沙門堂奪走，因此前往鞍馬參拜的人不僅不會到這座廟堂參拜，還會刻意從東邊的小路繞過。同樣都是供奉福神，但因地點不同，無法兩邊都拜，這說明不和睦的不是神明，而是像互比身高的山峰一樣，是熱愛鄉土的人們彼此爭強鬥勝之故。

松尾神社內有熊野石，據說熊野大神曾經降臨於此，應該也舉辦過相關的祭典才對，儘管如此，松尾的信徒仍被禁止參拜紀州的熊野神社，熊野的人也絕對不會來松尾參拜，違反禁令必遭厄運。或許因為雙方的信仰太相似，反而讓人覺得應該忠於一處，不該懷有二心吧！（《都名所圖會拾遺》、《日次記事》）

為什麼會有神明之間關係交惡的說法？為什麼有人認為參拜特定的神明會遭到詛咒呢？這些原因逐漸變得不清不楚，於是人們開始根據歷史來進行解釋。例如，據說姓橫山的人不能登上常陸的金砂山，這是因為從前佐竹氏的祖先固守這座城池時，遭到武藏橫山黨的攻擊，城主因而失勢。不過，當時奉鎌倉將軍之命而參戰的武士很多，不可能只有橫山氏一族遭到怨恨，其中必有其他因素吧！（茨城縣久慈郡金砂村。《楓軒雜記》）

在東京，相傳佐野氏族的人要是參加神田明神的祭典，必定招來橫禍。這是因為神田明神供奉平將門之靈，而佐野氏是殲滅平將門的俵藤太秀鄉的後裔。下總成田的不動明王是俵藤太秀鄉的守護神，而東京附近柏木村的村民絕不會前往成田參拜，據說也是因為柏木家的守護神鎧大明神是以平將門的鎧甲作為御神體的。（東京府豐多摩郡淀橋町柏木。《共古日錄》）

信州諏訪附近有很多姓守屋的人家，這些家族成員都被禁止前往善光寺參拜，硬要違規前往必會大難臨頭。這是因為守屋一族是物部守屋連的後裔，而物部守屋連是將善光寺本尊佛像丟入難波堀江的罪魁禍首。然而，這個說法可能是後人杜撰的，事實是因為守屋家族一直信奉諏訪明神，不信奉其他神佛的關係吧！（長野縣長野市。《松屋筆記五十》）

人們認為供奉天神的神社，與鄰村供奉地方守護神的神社勢不兩立，因為鄰村供奉的是藤原時平。但這其實是個奇怪的誤解，而類似的誤解也發生在互比身高的群山傳說中。

例如，人們認為富士山與伊豆的雲見御嶽山交惡，是因為雲見御嶽山的山神是磐長媛，而富士山的山神則是祂的妹妹木花開耶媛。我們不知道是哪一邊先出現這種說法，總之，古書上記載，這兩尊女神是姊妹，一尊美麗、一尊醜陋，於是產生嫉妒而爭鬥不休。或許就是因為這則記載才引發兩山不睦的聯想吧！

伊勢國與大和國的邊境有一座高見山，從吉野川下游看過去，這座山似乎在與多武峰比身高。由於多武峰自古以來供奉藤原鎌足，因此人們認為高見山供奉的是遭藤原鎌足暗殺的蘇我入鹿。然而，蘇我入鹿是歷史上重要的政治人物，位高權重，不可能被供奉在如此偏僻的山中，但人們傳說，登高見山的人不僅不能提到多武峰，也不能帶鎌刀上山，以免讓山神聯想到藤原鎌足。要是觸犯禁忌而帶鎌刀上山，必會受傷，甚至引發山鳴。（奈良縣吉野郡高見村。《即事考》）

經過高見山的山腳下，前往伊勢方向的山路邊，有一塊約莫兩丈高的大岩石。據當地人的說法，這塊岩石是昔日高見山與多武峰爭鬥失敗時，飛落到這裡的山頭。由此可見，早在供奉蘇我入鹿之前，兩山之間的爭鬥早就開始了。而爭鬥失敗那方的山頭會飛落出去這點，也與羽後的飛島或常陸的石那阪山的岩石傳說相類似。

為何這樣的傳說會在各地出現，我們還無法解釋清楚，不過可以推測，即使在戰鬥中失敗，也會像武藏坊弁慶只對牛若丸投降般，失敗的一方絕非泛泛之輩。總之，山與山之間的互比身高，永遠都是高手之間的驚險對決，因此人們絕不會鄙視排名第二的高山。

日向飯野鄉原野的正中央，有一塊高約五尋[5]的大岩石，人們祭祀祂，稱祂為立石權現。從這裡望向遠方，可以看見狗留孫山的頂峰有兩塊岩石並立，名為卒都婆石與觀音石。傳說中，這兩塊岩石原本高度相同，但後來觀音石的頸部斷裂，藉由神力才飛到這片原野來。因此，雖然目前觀音石變矮了，但人們反而更加崇拜這顆觀音石的頭。（宮崎縣西諸縣郡飯野村原田。《三國名所圖會》）

肥後的山鹿地區有兩座山，一座是位於下宮的彥嶽權現山，另一座是位於蒲生的不動岩。據說這兩座山是兄弟，權現山是繼子，母親只給他吃大豆，而不動岩是親生子，因此母親給他吃紅豆。後來有一

5 一尋約為一百八十公分。

天，兄弟倆將繩索套在脖子上，以此進行拔河比賽。因為權現山吃的是大豆，力量更強大，吃紅豆長大的不動岩輸了，脖子被拉斷，整顆頭就掉在久原村，目前那裡還有一塊稱為首岩的岩石。

這兩座山中間有一顆名為搖嶽的岩石，據說是因為在這場拔河比賽中，岩石被繩索拉得左右搖晃而得名，而且山上有兩條深溝，草木叢生，據說那是被綱繩磨擦出來的痕跡。而不動岩的首岩附近，至今土壤仍為紅色，就是因為他只吃紅豆的關係。（熊本縣鹿本郡三玉村。《肥後國志等》）

傳說與兒童

在各位的住家周圍、每天走過的道路旁邊，都曾留下比這些更有趣的傳說。不過，隨著上學的人們越來越忙碌，一時無暇理會後，記得這些傳說而能跟我們敘述的人也就越來越少了。此外，當美麗的池沼變成農田，茂盛的大樹枯萎後被清理掉時，人們會熱烈談起這些池沼與大樹的故事，但隨著時間推移，後來才出生的人已經沒什麼感覺，故事也就逐漸遭到遺忘，各地村落也因此多了幾分寂寥。

關於傳說，在往昔很長一段時間，主要是講給兒童聽的。雖然大人也會從旁聆聽，但由於沒機會重複溫習，也就不像兒童那樣能夠一直牢記於心，熱心地說給別人聽。

兒童重複溫習的方式，通常是到傳說中那棵樹的樹下玩，或者結伴走過傳說中的岩石前、沼澤上、水池邊。或許因為表達方式不夠好，沒能詳細敘述故事的來龍去脈，但每一次大家都會共同想起之前聽過的內容，就能片刻同情共感，以眼神確認彼此心領神會。

年紀大了以後，通常會變得愛說話，而且表達技巧變好後，喜歡說的都是從前的故事，都是年少時記在腦海裡的故事。因此，老年人所講述的傳說，幾乎都與某個時代的兒童有關。如果沒有兒童的參與，日本的傳說很快就會消失，或者變得索然無趣。

因此，如果各位年少時聽到的故事很少，要記住這些故事也變得很困難時，就只能依靠書本來代替老一輩的人了。書本裡多半是適合成年人閱讀的故事，以及成年人覺得新奇的故事，但如果不透過這些書，我們無從得知昔日兒童的感受。那個國人整體還很年輕，人人懷抱著青春活力來眺望天地萬物的時代，肯定曾經出現在各位的心中，甚至持續很長一段時間。而這些書本隨時光流轉，如今想再對各位講述這些傳說。

就像兒童閱讀繪本般，我們一邊看著眼前的各種景物，一邊聆聽或回想古老的傳說。當許多小鳥飛到籬笆樹上，我們聽人家說明這些鳥啼聲的由來，看著小鳥在枝頭上飛舞的模樣，故事就更生動有趣了。路邊的各種石佛像也是，對於知道相關民間傳說的兒童來說，祂們就像在點頭，又像在微笑。其中，最讓人長大後懷念不已的石像就是地藏菩薩了。祂們的高度與十一、二歲的孩子差不多，容貌與其說是佛菩薩，倒更像是某個熟悉的人，予人一種親切感，因此可說祂們是許多傳說的守護者。

每個村莊都有許多傳說，其中最多的就是跟石地藏有關，不但內容不同，而且每一尊都有自己的名字。這些兒童長年來的好朋友，感覺不知何時就快消失了，因此我要在此代替一百年前的兒童，向各位介紹三、四則書上記載的傳說。

最有名的古老傳說當然是負箭地藏與替身地藏，據說祂們會替信徒擋掉災難而背上插滿被射中的箭。不過，這種不可思議只有當事者才能體會。倒是那些與地方淵源深厚的地藏菩薩，即使人們不特別祈求，祂們也會主動為村民消災解厄，因此當意外災害發生後，前來參拜的人會更多。尤其地藏菩薩對農業格外慈悲，這也是祂在農村獲得一致感恩的重要原因。

例如不洗腳地藏，據說祂有時會化身為農夫模樣，在忙碌時期前來幫忙。引水地藏則會在灌溉水不足時悄悄截斷溝渠，把水引到乾涸的農田裡。此舉雖惹來鄰村不滿，但知道是地藏菩薩做的好事後，生氣的人就不再生氣了，只會讚嘆。

鼻取地藏也是最疼惜農民的了，在東日本，許多村莊都在祭拜祂。而距離我目前住處最近的一尊，就位於上作延的延命寺。據說這尊鼻取地藏的弘願是馴服脾氣暴躁的野馬，而且名氣響亮，連奥州南部一帶都聽過祂的神蹟。

傳說很久很久以前，正值這個村莊的插秧期間，大地主家的馬突然暴躁起來，不肯耕作，眾人無計可施之際，一名陌生的小和尚走過來牽住馬的口鼻，馬便立刻安靜下來。第二天，寺裡的和尚到地藏菩薩面前誦經時，發現佛像的腳上沾滿了泥巴，這才知道昨天的小和尚正是地藏菩薩的化身，人人嘖嘖稱奇。（神奈川縣橘樹郡向丘村上作延。《新編武藏風土記稿》）

八王子的極樂寺也有類似的傳說，只不過這裡供奉的不是地藏菩薩，而是阿彌陀佛，人們尊稱為鼻取如來。據說從前，這裡附近有一片寺院的農田，農夫懶惰不肯耕種，讓寺院倍感困擾。這時，有一位小和尚現身，牽著馬的鼻子幫忙耕田。也不知是何緣故，這尊阿彌陀佛的容貌十分獨特，嘴唇微微張開而牙齒外露，因此人們又稱祂為露

齒佛。（東京府八王子市子安。《新編武藏風土記稿》）

駿河宇都谷山的山頂下方也有一尊地藏菩薩像，據說是聖德太子的作品，也被稱為鼻取地藏。這尊地藏菩薩曾在榛原郡的農家幫忙牽牛耕作，而且人們認為祂喜歡農業，因此有事請求的人都會帶鐮刀來供奉。還有一次，這尊地藏菩薩到日光山的一處寺院參加上供儀式，吃了很多麵線，因此也被稱為麵線地藏。（靜岡縣安倍郡長田村宇都谷。《駿國雜志》）

所謂的鼻取，是一根大約六尺長的木棒，人們用牛或馬來耕田時，會將這根棒子綁在牠們的嘴巴上，再牽引牠們前進。現在，即使在東北地區，用這種方法耕作的農家也越來越少了。然而，在過去忙碌的插秧季節，總需要額外的人手來牽引這根棒子，大人分身乏術，這差事便落到小孩子身上，小孩子又老是做不好，因此常常挨罵。期盼地藏菩薩親自來幫忙牽引鼻取，無疑是兒童最常做的美夢了。在更早之前甚至沒有這根棒子，而是直接牽著牛馬的鼻繩，對兒童來說根本是苦差事一樁。而在東方，用牛馬來耕田的歷史並沒那麼久遠，因此這類傳說相對是較新的。

石城長友的長隆寺也有一尊鼻取地藏。據說有個農夫在犛田時，負責牽引鼻取的少年做不好被農夫狠狠罵了一頓，這時突然冒出一個不知打哪來的小孩代替那名少年工作，結果讓農夫很滿意。後來農夫想向這個孩子道謝，卻到處找不到人，直到發現寺院地藏堂的地板上有著沾了泥巴的小小足跡。原來是這尊地藏菩薩不忍少年遭到斥責，於是代他完成牽引鼻取的工作，眾人皆讚歎不已。據說這尊地藏像是鎌倉時代佛像雕刻大師安阿彌的名作，現在已成為國寶，備受珍視。（福島縣石城郡大浦村長友。《鄉土研究》第一篇）

在福島某個小城附近，腰濱天滿宮旁邊的地藏菩薩也有類似的傳說，供奉的廟堂就叫做鼻取庵。據說這尊地藏菩薩曾化身為小孩，幫忙引水灌溉，牽著馬的鼻子四處幫忙。到了吃午餐時間，農夫打算請他吃飯，卻到處不見人影，最後走進宮中找人，這才發現地藏菩薩的腳上沾滿了泥巴。（福島縣福島市腰濱。《信達一統志》）

登米的新井田部落，過去有一戶人家從鄰郡搬遷過來，帶了七觀音與地藏作為家族守護神，並在宅邸內建堂供奉，村民也會前來參拜。農忙時節，經常會看到一名陌生的孩子到各農家去幫忙牽引鼻取，大

家都認為這孩子就是地藏菩薩，便稱其為犂田地藏，至今仍在祭拜。（宮城縣登米郡寶江村新井田。《登米郡史》）

此外，安積郡鍋山的地藏菩薩也有許多幫助農事的傳說。據傳村民在開墾此地時，特地前往鄰近的野田山迎請這尊地藏菩薩來加持。（《相生集》）

足利時代[1]有一本《地藏菩薩靈驗記》，裡面也記載了許多類似的故事。例如，出雲大社有個農夫是地藏菩薩的虔誠信徒，有一回農夫生病，地藏菩薩就化身一名十七、八歲的青年，代替農夫到神社的農地工作。由於青年工作勤奮，連地方官員都十分欽佩，便在用餐時敬了他一杯酒。青年開心地喝完酒後，將酒杯放在頭上，隨後離開。翌日，農夫聽說了這件事，心想難道是……於是打開佛龕的門一看，果然見到地藏菩薩頭戴酒杯，腳上滿是污泥。

近江西山村有個名叫佐吉的農夫，有一回生病無法下田除草，結果他所信仰的木本地藏就在不知不覺中幫他把草清除得乾乾淨淨了。書上是這樣記載的，農夫早上到寺院參拜時，看到田裡雜草叢生，不知如何是好，回來時竟發現田裡的草都除光了。農夫覺得很奇怪便詢

1 即室町幕府時期，由足利氏將軍掌權的時代，西元一三三六～一五七三年。

問附近的人，對方說：「剛才我看到一個大約七十歲的老和尚沿著田埂走了一圈。除了他以外，我沒看到其他人來過。」農夫猜測是地藏菩薩幫的忙，趕快回到寺裡查看，發現到處都是泥巴腳印，而且一直沿續到佛龕裡面。

又例如，插秧時節，農民為了爭水而起衝突，一名農夫因此受傷臥床，結果夜間來了一個小和尚，幫忙把水引入他的田裡。有人見狀心生嫉妒而朝小和尚背後射箭，小和尚逃之夭夭。後來，這名農夫禮拜家裡的地藏菩薩時，發現祂的背上插著箭，腳上沾滿了泥巴。這類引水地藏的故事很早就開始流傳了。

在筑後國的鄉下，有一片農田專門種植《法華經》八講法會上要供奉的米，結果發現有人在夜間引水。村民聽到消息後紛紛跑出來看，發現有名年輕法師站在農田的出水口處，用手杖攪動溝渠中的水。由於當晚月光皎潔，一切過程看得清清楚楚。法師將手杖插入水中攪動時，細長的流水立即掀起波濤，水勢逆流而上，全部進入那片農田中。同樣地，法師背後中射，後來發現這支箭就插在地藏菩薩的背上。這支箭是用山鳥的羽毛做成的，這點與之前介紹過的足利的獨眼清泉相似。

村民對此奇事心生敬畏，於是將這塊田地捐出去建寺，並命名為矢田寺。

這類故事的主角不只有地藏菩薩而已，例如上總廳南的草取仁王、駿河無量寺的早乙女彌陀、秩父野上的泥足彌陀等，各地村莊皆有類似的傳說，但其中最具人性、最孩子氣的就屬地藏菩薩了。在佛教世界中，地藏菩薩為了拯救眾生，願意前往任何地方，與任何人接觸，因此化身不起眼的行腳僧，帶著手杖四處不停奔走。但在日本的傳說故事中，地藏菩薩的事跡似乎不只如此。

遠州山中的村落裡，有個農民每晚必須守護粟田防止被動物侵襲而深感困擾，於是對石地藏說：「地藏菩薩，如果您能幫忙守夜，不讓野鹿、野猴吃掉我的作物，等到收成以後，我會做粟餅前來參拜。」結果，農民說完就忘記這件事了，惹得地藏菩薩十分生氣，讓他生了一場大病。男子後來驚覺是自己言而無信，趕緊送上粟餅參拜並致歉，這才立即痊癒。

尾張有個名叫宮地太郎的武士在賞花時，地藏菩薩化身為深山中的修行者在一旁窺視。武士見到他，立即上前熱情地邀他一起賞花，兩人不但吟詩誦歌，還戴上武士的禮帽，一起打鼓、舞獅。

在另個地方，有個非常虔誠的老人，每天黎明前都會在門口等候，期盼能親眼目睹地藏菩薩於村中巡遊的身影。就這樣持續多年後，他終於如願以償，並說地藏菩薩走路的樣子與一般人無異。

許多村莊都有地藏菩薩夜間出遊的傳說。例如，埼玉縣野島淨山寺的獨眼地藏，由於太常夜間外出了，住持十分擔心，就在祂背上釘上釘子，用鎖鏈鎖起來，結果很快遭到報應，染上重病死亡。此後，寺院人員就放任地藏菩薩隨意夜遊。有一次，地藏菩薩於夜間跑到茶園，不小心被茶樹枝刺傷了眼睛，到現在那尊木雕像依舊只有一隻眼睛。此外，據說地藏菩薩在寺院前的水池邊清洗受傷的眼睛，因此現在池中的魚也全是獨眼魚。（埼玉縣南埼玉郡萩島村野島。《十方庵遊歷雜記》）

東京下谷金杉的西念寺也有一尊眼洗地藏，其他還有欠鼻地藏、嘗鹽地藏等，名字都很有趣。還有所謂的夜更地藏、踊地藏、物言地藏等，只可惜大部分都沒留下傳說。也聽說過有些路邊的地藏菩薩老愛惡作劇，讓往來的旅人深感困擾。

相州大磯有一尊化身地藏，又名袈裟切地藏[2]。伊豆仁田則有一尊無手佛石地藏，據說原本每天晚上都會變成女鬼出來嚇唬路人，不料有一天，祂遇上的是一名武功高強的年輕武士，結果雙手被斬斷後逃入林中。隔天早上，人們前往一看，發現地藏的雙手就掉在田邊。這個故事也實在太詭異了！（靜岡縣田方郡函南村仁田。《伊豆志》。）

還有許多關於綑綁地藏的傳說，京都壬生寺的繩目地藏便是其一，又名替身地藏。據說武藏居民香匂新左衛門藏身寺中，遭到追兵圍捕，就在千鈞一髮之際，本尊地藏菩薩代替他被綑綁帶走，後來追兵仔細一瞧，才發現綁來的人是地藏菩薩。這也太粗心大意了。

另外，品川的願行寺也有一尊綑綁地藏，據說每天前來祈願的人都會用繩子綑綁地藏菩薩，就這麼一層一層纏繞上去，直到一年一度十夜念佛法會的晚上，寺院住持才會將這些繩子解開，然後第二天又開始綑綁。（東京府荏原郡品川町南品川宿。《願掛重寶記》）

起初這個舉動的目的是結繩而非綑綁。現在也常會看到人們拿紙條或絲繩在神木或寺院的鐵絲門窗上打結，據說這是一種聯絡神明的方式。前面提到的上作延村的鼻取地藏傳說中，其實也有一棵綑綁松，又名聖松，許願者會帶繩子來綁住這棵松樹，待願望實現後再回來答

2 身上有一道從肩膀斜切到側腹的刀傷，那傷痕的線條彷彿披上袈裟般。

謝，解開繩子。

綑綁兩字總是予人負面印象，因此人們又開始編出許多故事來。龜井戶天神社境內有一間供奉頓宮神的小祠堂，裡面有一對老爺爺與老婆婆的木像，後面站著手持繩索的青鬼與紅鬼。頓宮神就是這位老爺爺。據說昔日菅原道真被流放到筑紫時，老婆婆對他很親切，但老爺爺卻非常刻薄。因此，參拜者會用鬼手中的繩索綁住老爺爺的身體，接著向天神許願，七天後再回來解開繩子。（東京府南葛飾郡龜戶町。《願掛重寶記》）

有一種祈雨儀式會把石地藏綁起來。羽後花館的瀧宮明神是水神，據說祂的神體過去是一尊石地藏，當地人稱之為雨地藏或雨戀地藏。每逢乾旱時節，人們會拿一條長繩綁住石像，然後放入洪福寺的沼澤中，據說這樣做必能祈雨成功，天降甘霖。（秋田縣仙北郡花館村。《月之出羽路》）

在某些地方，人們相信只要打開佛龕供人瞻仰祈雨地藏就會下雨。但如果這樣做仍無法奏效，就會採取更激烈的手段。例如，熊野芳養村有一尊泥本地藏，村民進行祈雨儀式時，會將地藏像泡進河裡，直

淹到佛像的頸部。（和歌山縣西牟婁郡中芳養村。《鄉土研究》第一篇）

播州船阪山有一尊沖水地藏，人們會汲取佛堂旁一口古井中的水來為地藏像沖澡，再讓信徒喝這些水。這件事發展至今似乎已與祈雨無關，但據說這口井在任何乾旱時節都不曾枯竭。（兵庫縣赤穗郡船阪村高山。《赤穗郡誌》）

接著來到肥前田平村的釜潭。每逢乾旱，村民會齊聚潭邊，拚命舀出潭水。當水位減少到一半左右會露出一塊石頭，村民說這是地藏菩薩的頭。據說只要讓潭水減少到這個程度，通常就會開始下雨。（長崎縣北松浦郡田平村。《甲子夜話》）

這種祈雨方法自古就在日本各地流傳，只不過地藏菩薩是從外國傳入，或許是後來才由祂接下這個任務的吧！

筑後山川村有個瀧潭，據說很久以前，一名平家的公主在此投水後成為潭主，至今仍住在這裡，已化作一條巨大的鯰魚。潭邊有座名為七靈社的小祠堂，供奉著公主的木像。每逢乾旱時期，人們會將這座木像請出來放入潭水中，而這就是當地的祈雨方式。（福岡縣山門郡山川村。《耶馬台國探見記》）

大和丹生谷的大仁保神社，供奉著一尊稱為御丹生大人的水神，也是女神。據說祈雨時，只要將神體沉入水中，稍待片刻必定下雨。（奈良縣高市郡舟倉村丹生谷。《高市郡志料》）

武藏比企飯田的石船權現，據說昔日祂的神體是一塊約一尺五寸[3]長的船形石頭。人們相信，祈雨時將這塊石頭浸入神社前方的御手洗池中，必定靈驗。不過，不知為何後來變成使用祭祀專用的御幣，石頭已不知去向。（埼玉縣比企郡大河村飯田。《新編武藏風土記稿》）

此外，有些祈雨儀式是在石地藏身上塗抹各種東西，但這似乎不是佛教的儀軌。羽後男鹿半島就有一則這樣的傳說。鳩崎海岸附近有一尊臥地藏，其實只是一塊刻上梵文的石碑而已。平時這塊石碑是橫放的，只有在祈雨時才把祂豎立起來，並且塗滿田中的泥土，據說這樣做一定會下雨。（秋田縣南秋田郡北浦町野村。《真澄遊覽記》）

或許人們認為用泥巴把地藏菩薩弄髒後，就不得不下雨來清洗乾淨了。就算不是為了祈雨，有些地方仍有在地藏菩薩身上塗泥巴的習俗，例如大和二階堂有所謂的澆泥地藏，至今每月二十四日的祭典，都會將泥巴澆在佛像上。（奈良縣山邊郡二階堂村。《大和年中行事一

覽》）

還有澆油地藏，來參拜的人會在地藏菩薩身上澆油。大阪附近野中觀音堂旁，有一尊黑漆漆的潑墨地藏。祈願成真的人必會帶墨汁來潑在地藏菩薩身上。（《浪華百事談》）

羽前狩川冷岩寺前有一尊毛呂美地藏。往昔家家戶戶都能釀酒的那個時代，寺院附近的人會取一杯釀酒過程中的米汁，即酒醪[4]，從地藏菩薩頭上淋下去。時間一久，米汁臭酸的味道讓路過的人都不得不緊捏著鼻子，但就是沒有人敢去清洗它。後來，有個農夫覺得地藏菩薩太髒了，便把祂澈底清洗乾淨，不料隨即遭報應，全家染上疫病，相當悽慘。從此，人人嚇得再也不敢去碰了。（山形縣東田川郡狩川村。《鄉土研究》第二篇）

除此之外，還有很多的撒粉地藏，例如在伊予的道後溫泉，信徒會帶化妝用的白粉來撒在地藏菩薩身上，因此這尊佛像又稱撲粉地藏。也有人說祂就是傳說中的愛小孩地藏，但真相為何無從查證。（愛媛縣溫泉郡道後湯之町。《日本周遊奇談》）

駿河鈴川附近也有一尊以化身小和尚聞名的石地藏，據說舉行祭

3 約四十五公分。

4 日文發音為「もろみ」（moromi），與「毛呂美」同音。

典時，人們會用白粉為祂上妝（〈靜岡縣富士郡元吉原村。《田子之古道》）

相模的弘西寺村有一尊化妝地藏，前來祈願的信徒會在祂的臉上塗抹化妝用的白粉或是繪畫用的胡粉，然後參拜。（神奈川縣足柄上郡南足柄村弘西寺。《新編相模風土記》）

近江大湖北邊的大音村有一尊撒粉地藏。在工廠從事抽絲剝繭作業的女孩要是手變粗糙了，據說只要帶一小撮米穀粉或麵粉來，撒在這尊地藏菩薩身上，手部皮膚就會立刻變得光滑細緻。（滋賀縣伊香郡伊香具村大音。《鄉土研究》第四篇）

安藝福成寺有一尊佛像名為「虛空藏」，當地農民經常帶著麵粉或米穀粉來祭拜，因為農民以為這尊佛菩薩的名字是「粉喰藏」[5]，那麼供奉麵粉或米穀粉應能討祂歡心才對。（《碌碌雜話》）

或許因為很早就有對地藏菩薩撒粉的習俗，人們才會產生這樣的誤會吧！話說回來，虛空藏菩薩與地藏菩薩，一個在天、一個在地，原本就像是兩兄弟般，但之所以感覺地藏菩薩比較受到農村的歡迎，除了因為祂與地方的淵源較深之外，另一個重要原因就是像各位這樣的年輕人對祂的愛戴了。

在京都，自古以來每年七月二十四日為六地藏參拜日，很多人會到附近的村莊巡禮。村民會設立休息場所，提供茶水，孩子們則會把路旁的石佛像集中到一處，把祂們的臉塗成白色，全部稱為地藏，插上花朵並供奉食物，供城裡來的人參拜（《山城四季物語》）。

在我們老家鄉下，夏日傍晚的地藏祭是村中孩子最開心的時刻了，那包成三角形的紅豆飯，除非年紀大到老糊塗了，否則誰都記得有多好吃！

有些地方是在寒冬時節舉行地藏祭。伯耆國的某個村莊稱此祭典為「大師講」，村民會在十一月二十四日的黎明前，帶著生的糯米糰子到路邊十字路口六地藏石像那裡，把糰子塗在祂們身上。據說第一個來塗的人，將來會娶到美嬌娘或嫁到好夫婿。（鳥取縣日野郡霞村。《霞村組合村是》）

大阪天王寺的地藏祭，從前是在舊曆的十一月十六日舉行。這天一大早，孩子們會帶著米穀粉來塗在地藏菩薩的臉上，傍晚則點燃稻草把祂燻得漆黑，然後一邊拍手高唱：「明年的～，明年的～」一邊跳

5 日文發音為「こくうぞ」（kokuzo），與「虛空藏」（こくうぞう（kokuzou））同音。

起告別一年的舞蹈。（《浪華百事談》）

有人稱這種活動為道祿神祭。道祿神即道祖神，也是非常受少年喜愛的十字路口神。其實祂與地藏菩薩本來就是同一尊神，因此受孩童喜愛的說法絕對錯不了。祭祀道祖神的日子通常是正月十五日。即使是木製的神像，孩子仍會將祂塗白。在東京以西的山村，祭祀方式則是將道祖神石像放進歲德燒[6]的火堆中燻黑。在信州川中島的村莊裡，祭祀日是二月八日，當天早晨，人們會搗製麻糬，然後放在稻草紮成的馬背上，牽到道祿神面前，把麻糬全面塗抹在道祿神的石像上。

直到最近，許多城鎮的孩子們還會在月光下一邊高喊：「影子啊！道祿神！」一邊互踩對方的影子玩耍。在東北的鄉下，大約三十年前還有一種奇妙的遊戲叫做地藏遊戲。玩法是這樣的，一個孩子手持南天竹的樹枝，握拳包住拇指，其他孩子則是以他為中心圍成一個圓圈，然後一邊轉圈圈一邊反覆高唱：「地藏菩薩，請降臨！地藏菩薩，請降臨！」那個孩子就會慢慢化身為地藏菩薩。

地藏菩薩，請開示！

地藏菩薩，請跟我們一起玩！

所有人邊喊邊唱歌跳舞，十分有趣。如果有人東西不見，也會用這種方式詢問地藏菩薩。

有些村莊還有所謂的愛玩地藏，因為永遠只剩下地藏菩薩的底座而已，本尊已經跑出去玩了。這種情況通常是村裡的年輕人將石像搬到十字路口的廣場，拿它當成比力氣用的大石頭。每逢有人嫁娶要說吉祥話時，年輕人也會把地藏菩薩抬到那戶人家的門口，在那裡玩耍。地藏講（即地藏法會）的地藏菩薩，又稱為巡迴地藏，每個月都會到不同的信徒家中作客。

要是有小孩死掉，悲痛的父母會準備肚兜、頭巾、圍兜等物品，獻給十字路口的地藏像，因此，地藏菩薩經常打扮得跟小孩子一樣。地藏菩薩還很喜歡跟孩子們玩，玩得正開心時要是遭人打擾，便會大發脾氣。有一次，有個人看到小孩子用繩索拉扯石像，讓石像在路上滾來滾去，或是把石像當馬騎，於是上前大聲喝止，然後把石像清洗乾淨後放回原位。結果，當天晚上地藏菩薩氣沖沖地託夢給那個人：

6 將過年的裝飾物綁在一起燒掉，象徵送走歲神。

「我難得跟小毛頭們玩得正起勁，你這傢伙怎麼這麼糊塗地硬把我帶回去呢？」被狠狠臭罵一頓後，那人嚇得半死，從此不敢再干涉地藏菩薩與小孩們玩耍了。

的確，父母們不明就裡，但孩子也同樣搞不清楚怎麼回事吧！如今要是重新來一遍，相信地藏菩薩還是會生氣。自古以來世世代代的孩子都是如此地與祂打成一片，想必有其原因才對。

遠州國安村的石地藏，村裡的小孩總愛拿著小石頭來敲打，在石像身上敲出好幾個洞，於是村民重新打造石像，過沒多久又被打壞了，如此反覆不休。有人看不下去唸了幾句，結果唸的人反而遭到地藏菩薩的懲罰。（靜岡縣小笠郡中濱村國安。《橫須賀鄉里雜記》）

這類無聊的小遊戲，似乎早在地藏石像出現前就有了。遠古時代的傳說，怪誕不經的內容總是多到數不清，通常要等長大後開始做學問才有辦法詳細了解，但長大後又多半忘光了，只有不懂事的孩子才會記住。

木曾須原有一間寺院，人稱射手的彌陀堂。據說原本在春分這一天會舉行射箭祭，附近的男孩子全會聚集過來，手持小弓，用箭射向

阿彌陀佛木像，然後大笑著回家。（長野縣西筑摩郡大桑村須原。《木曾古道記》）

射佛像這種事聽起來太大逆不道了，但或許這也是前面介紹過的獨眼神明之類的古老傳說吧！

越後親不知海岸附近的青木阪有一尊不動明王。越後、信州與東京這邊的人稱祂為不動明王，但越中以西的人則稱祂為乳母娘娘。根據寺院的說法，這尊佛像是大約四百年前一個名叫野宮權九郎的人從海中撿回來的，但當地人認為這尊神像原本就供奉在海中的一個小島上，名稱是子產大人。看來似乎是當地不識字老百姓的說法比較正確，因為來這裡參拜的人，很多是生產後奶水不足的女人。她們獲得充沛的奶水後，會獻上一種用稻草編製的小嬰兒提籃當謝禮，據說廟堂旁的大樹上，永遠掛滿幾百個稻草籃。此外，這尊神明與地藏菩薩一樣，非常喜愛小孩，有事時，各個村落的小孩都會聚集到這裡來。

話說，即使外表是面目猙獰的不動明王，只要和姥神住在一起，就會成為小嬰兒的守護神。盂蘭盆節時，孩子們會去閻魔堂參拜，也是因為那個奇怪的老婆婆就在旁邊的關係。（新潟縣西頸城郡名立町。

《頸城三郡史料》）

自古以來，日本的兒童就特別受到神明的愛護。道祖神與地藏菩薩來到我國後，逐漸成為孩子們的好夥伴，這完全是受到我國風土人情薰陶的結果。如果沒有子安娘娘那美麗又尊貴的力量，一代又一代的兒童便無法快樂地長大，團結起來壯大我們的國家。同樣地，如果兒童沒有開心地記住這許多傳說，今天國人與國土之間的關係，恐怕會更加淡薄。與這件偉大的功業相比，我這本書實在微不足道。期許今後出版的日本傳說故事集，務必更加有趣，務必是更有價值、永遠留在人們心中的學問之書才行。

傳說分布表

以下為本書出現的縣郡町村名稱列表。相信只要繼續探索下去，肯定能在更多地方，找到更多相類似的傳說，只是我目前不知道罷了。如果裡面有各位村莊中的故事，不妨先從那裡讀起吧！

東京府（東京都前身）

東京市淺草區淺草公園……御箸銀杏
東京市下谷區谷中清水町……清水稻荷
荏原郡品川町南品川宿……綑綁地藏
豐多摩郡淀橋町柏木……鎧大明神
豐多摩郡高井戶村上高井戶……藥師魚
南葛飾郡龜戶町……頓宮神
八王子市子安……露齒佛

京都府

乙訓郡新神足村友岡……念佛池

新潟縣

長岡市神田町……………………三盃池
北蒲原郡分田村分田………都婆松
三島郡大津村蓮華寺…………阿姨井
北魚沼郡堀之內町堀之內………古奈和澤池
南魚沼郡中之島村大木六………卷機權現
刈羽郡中通村曾地………阿萬井
中頸城郡櫛池村青柳………獨眼夫婿
西頸城郡名立町青木阪………乳母娘娘與稻草籃
西頸城郡根知村………諏訪的薙鎌

埼玉縣

川越市喜多町………咳婆石塔
北足立郡白子町下新倉………子安池
北足立郡大砂土村土呂………神明的大杉樹
入間郡所澤町上新井………三井
入間郡小手指村北野………椿峰
入間郡山口村御國………椿峰
比企郡大河村飯田………石船權現
秩父郡小鹿野町………信濃石
秩父郡吾野村大字南………飯森杉

群馬縣

千葉縣

君津郡關村大字關……………關之姥石
夷隅郡千町村小高……………不種白蘿蔔
夷隅郡布施村…………………二本杉
安房郡西岬村洲崎……………獨莖芒
安房郡豐房村神余……………大師的鹽井
安房郡白濱村青木……………芋頭井

茨城縣

那珂郡柳河村青柳……………泉之杜
久慈郡阪本村石名阪…………雷神石
久慈郡金砂村…………………怨恨橫山
鹿島郡巴村大和田……………主石大明神
筑波郡筑波町…………………筑波山的由

栃木縣

河內郡上三川町………………獨眼公主
芳賀郡山前村南高岡…………獨眼皇子
那須郡黑羽町北瀧……………綾織池
那須郡那須村湯本……………教傳地獄
安蘇郡犬伏町黑　……………天神之敵
安蘇郡旗川村小中……………人丸大明神

足利郡三和村板倉……大師的加持水

奈良縣

山邊郡二階堂村……澆泥地藏

高市郡舟倉村丹生谷……祈雨與地藏

吉野郡高見村杉谷……供奉蘇我入鹿的山峰

三重縣

宇治山田市船江町……白太夫的袖口石

飯南郡宮前村……神奇山頂

飯南郡射和村……會長大的石頭

多氣郡佐奈村仁田……兩口古井

多氣郡丹生村……子安之井

南牟婁郡五鄉村大井谷……袖口石

愛知縣

丹羽郡池野村……尾張小富士

知多郡東浦村生路……弓之清泉

南設樂郡長篠村橫川……村民多獨眼

八名郡石卷村……互比身高的山峰

靜岡縣

清水市入江町元追分……姥姥沒路用
賀茂郡下田町……下田富士
賀茂郡岩科村雲見……富士的姊姊神
田方郡熱海町……平左衛門湯
田方郡函南村仁田……無手佛
駿東郡須山村……互比身高的山峰
富士郡元吉原村……化身地藏
安倍郡長田村宇都谷……鼻取地藏（麵線地藏）
安倍郡賤機村……鯨池
小笠郡中濱村國安……兒童與地藏
周智郡犬居村領家……機織之井
磐田郡見付町……奪衣婆與草鞋
磐田郡上阿多古村石神……富士石

山梨縣

東山梨郡松里村小屋鋪組……御箸杉
東山梨郡等等力村……親鸞上人的筷子
西山梨郡相川村……獨眼泥鰍
西山梨郡國里村國玉……國玉大橋
東八代郡富士見村河內組……七釜御手洗

長野縣

長野市……善光寺與諏訪

北佐久郡三井村……鎌倉石

小縣郡殿城村赤阪……瀧明神的魚

下伊那郡上鄉村……怨念池

下伊那郡龍丘村……花之御所

下伊那郡龍江村今田……龍宮巖的活石

下伊那郡智里村小野川……富士石

東筑摩郡島內村……關係交惡的神明

西筑摩郡日義村宮殿……野婦池

西筑摩郡大桑村須原……射箭祭

南安曇郡安曇村……不擺設門松

北安曇郡中土村……不種山藥

上水內郡鬼無里村岩下……梭石、筬石

宮城縣

玉造郡岩出山町……驚奇湧泉

登米郡寶江村新井田……犛田地藏

牡鹿郡鮎川村……金華山的土石

南津輕郡猿賀村……………………獨眼魚
下北郡脇野澤村九艘泊……………石神岩

山形縣

東村山郡山寺村……………………景政堂
西村山郡川土居村吉川……………大師井
北村山郡宮澤村中島………………熊野的姥石
飽海郡東平田村北澤………………矢流川的魚
飽海郡飛島村………………………鳥海山的山頭
東田川郡狩川村……………………毛呂美地藏
西田川郡大泉村下清水……………三途河姥神

秋田縣

南秋田郡北浦町……………………獨眼的神主
南秋田郡北浦町野村………………臥地藏
雄勝郡小安…………………………不動瀑布的女子
北秋田郡阿仁合町湯之台…………水底的織布機
仙北郡金澤町………………………獨眼魚
仙北郡金澤町荒町…………………三途河姥神
仙北郡花館村………………………雨戀地藏
仙北郡大川西根村…………………成長石

岩美郡……………………藤原時平之墓
西伯郡大山村……………比輪身高的韓山
日野郡印賀村……………不種竹子
日野郡霞村………………大師講與地藏

島根縣

飯石郡飯石村……………不斷長大的巨石
鹿足郡朝倉村注連川……牛王石
隱岐周吉郡東鄉村………釣上來的石頭

岡山縣

邑久郡裳掛村福谷………裳掛岩
勝田郡吉野村美野………白壁池
久米郡大倭村大字南方中……二柳

廣島縣

豐田郡高阪村中野………出雲石
世羅郡神田村藏宗………魚池
蘆品郡宜山村下山守……巖島袖口石
雙三郡作木村岡三淵……晒布石
比婆郡小奴可村鹽原……石神社

和歌山縣

德島縣

愛媛縣

高知縣

土佐郡十六村行川……織布美女

香美郡山北村……吉田神石

香美郡上韮生村柳瀨……種麥子山姥

高岡郡黑岩村……寶御伊勢神

幡多郡津大村……阿志的袖口石

福岡縣

糸島郡深江村……鎮懷石

三潴郡鳥飼村大石……大石神社

山門郡山川村……七靈社女神

大分縣

東國東郡姬島村……拍子水

速見郡南端村天間……由布嶽

玖珠郡飯田村田野……念佛水

佐賀縣

西松浦郡大川村……十三塚的栗樹

國家圖書館預行編目資料

日本的傳說 / 柳田國男 著；林美琪 譯.
一初版.— 新北市：遠足文化事業股份有限公司，2024年10月
200面；12.8×18.8公分
譯自：日本の伝説
ISBN 978-986-508-311-3（平裝）
1. 傳說 2. 民間故事 3. 日本
539.531 113011640

日本の伝説

日本的傳說

作　　者　柳田國男
譯　　者　林美琪
責任編輯　賴譽夫
封面設計　蔡南昇
排　　版　L&W Workshop

編輯出版　遠足文化
行銷企劃　張偉豪
行銷總監　陳雅雯
副總編輯　賴譽夫
發　　行　遠足文化事業股份有限公司（讀書共和國出版集團）
23141 新北市新店區民權路108之2號9樓
代表號：(02)2218-1417　傳真：(02)2218-0727
客服專線：0800-221-029　Email：service@bookrep.com.tw
郵政劃撥帳號：19504465　戶名：遠足文化事業股份有限公司
網址：http://www.bookrep.com.tw

法律顧問　華洋法律事務所　蘇文生律師
印　　製　韋懋實業有限公司
初版一刷　2024年10月

ISBN　978-986-508-311-3
定　　價　330元